Maria Montessori spricht zu Eltern

Maria Montessori spricht zu Eltern

Elf Beiträge von Maria Montessori
über eine veränderte Sicht auf das Kind

Mit einem Vorwort von Paula Polk Lillard

HERDER

FREIBURG · BASEL · WIEN

Die Übersetzerin, Ulrike Hammer, ist Schulleiterin sowie Mitbegründerin an der Montessori-Grundschule Rotenburg (Wümme). Sie absolvierte ihre Montessori-Ausbildungen (3–6 Jahre in München, 6–12 Jahre in Washington, DC) bei der Association Montessori Internationale (AMI) und ist Gründungsmitglied sowie Vorsitzende der Ehemaligenvereinigung „Deutschsprachige AMI Pädagogen e. V." (DAMIP). Sie verfasst und übersetzt Artikel zur Montessori-Pädagogik und ist Lehrbeauftragte an der Universität Hamburg.

Inhalt und Übersetzung dieser Ausgabe wurden von der Association Montessori Internationale (AMI) zugelassen.

Umschlagabbildung: © franckreporter
Covergestaltung: Uwe Stohrer, Freiburg

Layout und Satz: Claudia Wild, Konstanz
Alle Farbfotografien © Forest Bluff School, Lake Bluff, Illinois, USA
Alle anderen © Erbengemeinschaft Maria Montessori

Herstellung: Graspo CZ, Zlín
Printed in the Czech Republic

ISBN Print 978-3-451-38370-0
ISBN E-Book 978-3-451-81612-3

Inhalt

Vorwort

Maria Montessori schrieb die in diesem kleinen Band gesammelten Artikel mit einfachen, jedoch tief greifenden Worten. Sie sollten eine Aufforderung an Eltern sein, die Ergebnisse einer neuen Hinwendung zu Kindern für sich selbst zu entdecken. Mit dem Beginn des 20. Jahrhunderts, als Maria Montessori ihre Arbeit mit Kindern in Rom begonnen hatte, nahm das Interesse an ihren pädagogischen Ideen und Praktiken explosionsartig zu. Als die Texte dieses Heftes in den frühen 1930er-Jahren geschrieben wurden, hatten sich Montessori-Kinderhäuser und Montessori-Schulen bereits in ganz Europa, Teilen Asiens, Nordamerikas und Südamerikas und sogar in Australien verbreitet.

Maria Montessoris pädagogische Entdeckungen über Kinder und ihre Fähigkeit, sich selbst aufzubauen, waren so radikal, dass Missverständnisse über die in ihrem Namen etablierten Schulen reichlich vorhanden waren. Bis heute haben Eltern regelmäßig die irrtümliche Vorstellung, dass Montessori-Kinderhäuser und Montessori-Schulen Orte sind, an denen Kinder sich selbst überlassen sind – frei zu tun, was sie wollen, unfähig, Selbstkontrolle und Disziplin zu entwickeln.

In den frühen 1960er-Jahren lebte ich in Cincinnati, Ohio, und war ein ebensolches Elternteil. An der Hochschule hatte ich Lehramt studiert und unterrichtete danach eine zweite Klasse an einer öffentlichen Grundschule. Zu diesem Zeitpunkt war ich Mutter von vier Kindern, die alle jünger als sieben Jahre waren. Ermutigt von einer begeisterten Freundin, las ich ein Buch über Maria Montessori, ihre Ideen und ihre Praktiken – diese Biografie war von E.M. Standing, dem englischen Kollegen meiner Freundin, verfasst worden.[1] Ich erinnere mich deutlich daran, dass ich letztlich zu dem Schluss kam: „Kinder sind aber nicht so!" Dann ereignete sich ein glücklicher Zufall. Der Leiter des Kindergartens, den meine beiden älteren Kinder besuchten, ein Mann, den ich sehr schätzte, fragte

---

1 Standing, E.M.: *Maria Montessori: Her Life and Work* (London: Hollis & Carter, 1957).

mich, ob ich Assistentin in einer Montessori-Gruppe werden wolle, die er gerade einzurichten begann. Im ersten Jahr sollte sie für 16 Kinder im Alter von drei und vier Jahren sein und im zweiten Jahr auf eine volle Gruppe von 25 Kindern im Alter zwischen drei und sechs Jahren anwachsen. Die Erzieherin hatte vor dem Zweiten Weltkrieg eine Montessori-Ausbildung in Frankreich erhalten. Zuletzt hatte sie als Vorschullehrerin in den Vereinigten Staaten gearbeitet. Und im kommenden Sommer sollte sie in Oklahoma City einen Auffrischungskurs in Montessori-Pädagogik absolvieren, der von der Association Montessori Internationale (AMI) mit Hauptsitz in Amsterdam in den Niederlanden gegeben werden würde. Ich lernte sie kennen und war von ihrer Erfahrung und Ausbildung beeindruckt. Und so nahm ich das Angebot des Leiters an.

Meine anfängliche Skepsis gegenüber Montessoris pädagogischem Ansatz veränderte sich nach und nach, während ich die Verwandlung der Kinder von Herbst bis Frühjahr in dieser neuen Montessori-Gruppe beobachten konnte, in Ehrfurcht. Diese unkonzentrierten Kinder, die anscheinend nicht wussten, wie sie sich ohne permanente Hilfe und Anleitung von Erwachsenen sinnvoll beschäftigen konnten, wurden zunehmend unabhängig, konzentriert und sicher in der Wahl ihrer Arbeit. Mich beeindruckte am meisten, dass sie jetzt entspannt und zufrieden wirkten. Sie waren nun freundlich zueinander. Es war eine wahre Freude, mit ihnen zusammen zu sein. Ich half ihnen, wenn es notwendig war. Aber größtenteils konnte ich jedes Kind einfach beobachten und studieren und mir Notizen machen, um diese später mit der Erzieherin zu teilen und zu besprechen.

Für mich stellte sich dann eine Frage: „Warum wurden Montessoris Ideen und Praktiken im letzten halben Jahrhundert so missverstanden? Warum wurde ihr Name in meinen Hochschulseminaren nicht einmal erwähnt?“ Montessori beantwortet diese Fragen in diesem kleinen Band in ihren eigenen Worten so: „Ich spreche von Revolution!“ Dreißig Jahre Arbeit mit Kindern „haben mir beigebracht, mich gegen die fehlgeleiteten, veralteten Ideen aufzulehnen, an die viele Eltern immer noch aufrichtig glauben“. Montessori hatte beispielsweise festgestellt, dass Kinder gerne arbeiten – dass sie hart daran arbeiten, ihre eigene Unabhängigkeit sowie ihr Verständnis für ihre Welt aufzubauen. Sie lieben Ordnung in ihrer Umgebung. Wenn sie Gegenstände zum Anfassen und Entdecken bekommen, sortieren sie diese mithilfe ihrer Sinne nach Größe und Form. Außerdem bringen Kinder diese Materialien an ihren vorgesehenen Platz zurück, damit sie sie wiederfinden können. Sie bleiben bereitwillig bei dieser Art von „Arbeit“, die dem Erwachsenen fast wie ein Spiel erscheint. Als Konsequenz entwickeln sie eine Art Ausdauer und damit in Montessoris Worten „den Anfang der Willens-

„Warum wurden Montessoris Ideen und Praktiken im letzten halben Jahrhundert missverstanden?“

kraft". Der Schlüssel zu all dieser positiven Selbstbildung des Kindes ist die Schaffung der richtigen Umgebung. Kinder können sich nicht aus dem Nichts aufbauen. Es war Montessoris Genialität, detailliert auszuarbeiten, woraus diese förderliche Umgebung genau bestehen sollte. Sie tat dies während ihres langen und produktiven Lebens, indem sie Kinder jeglichen Hintergrundes überall auf der Welt beobachtete und studierte.

Als Erwachsene sind wir ein wesentlicher Teil der Umgebung des Kindes. Montessori schreckt uns auf den ersten Seiten dieses Büchleins auf, indem sie uns erklärt, dass zuerst wir uns ändern müssten, wenn wir unseren Kindern richtig helfen wollen. Sie stellt fest, dass wir uns daran gewöhnt haben zu denken, dass wir es sind, die das Kind von außen formen, anstatt zu erkennen, dass es tatsächlich die Kinder sind, die sich selbst formen müssen. Es geht grundsätzlich darum, die Kinder und ihre angeborenen Kräfte zum Selbstaufbau zu respektieren. Wenn wir lernen, diese Kräfte in Kindern zu beobachten und zu erkennen, sehen wir nach und nach die vielen Arten unbeabsichtigter Hindernisse, die wir für ihre volle Entwicklung hin zu einem reifen Kind im Alter von zwölf Jahren und einem reifen jungen Erwachsenen im Alter von achtzehn Jahren schaffen. Wenn wir uns korrigieren, schreibt Montessori, zeigt das Kind „einen anderen Charakter: die starken Eigenschaften eines geistigen Wesens". Es sind die ausgedehnte Arbeit und Konzentration, die von den Kindern frei gewählt werden und damit ihre inneren Interessen widerspiegeln, die diese Wandlung der Persönlichkeit und des Verhaltens hervorbringen. Um dem Kind zu konzentrierter Arbeit zu verhelfen, muss sich der Erwachsene stets der Umgebung des Kindes bewusst sein und sicherstellen, dass diese eine Hilfe und kein Hindernis für eine gute Wahl der Aktivitäten ist. Einige Kinder, die in der richtigen Umgebung frei arbeiten, brauchen wenig Hilfe vom Erwachsenen, andere brauchen mehr Aufmerksamkeit. Alle Kinder sind einzigartig. Das richtige Gleichgewicht der Anleitung zwischen Helfen und Behindern ist nur durch Beobachtung und Erfahrung zu erlernen. Eines ist jedoch eindeutig. Montessori sagte klar: „Denken Sie auch nicht nur für einen Augenblick, dass ich behaupte, dass ein Kind immer seinen Willen durchsetzen sollte."

Es sind mehr als einhundert Jahre vergangen, seit Montessori zum ersten Mal ihre Revolution von pädagogischem Denken und Handeln verkündet hat. Aber ihre Ideen repräsentieren immer noch eine entgegengesetzte Darstellung zur historischen Sichtweise über die menschliche Entwicklung – eine Sichtweise, die die tatsächliche Aufgabe der ersten vierundzwanzig Jahre des menschlichen Lebens so falsch eingeschätzt hat. Diese Aufgabe ist die Selbstbildung jedes einzigartigen individuellen Wesens zu einem reifen Erwachsenen, bereit, die Verantwortung der erwachsenen Gesellschaft zu übernehmen. Montessori beschreibt diesen reifen Erwachsenen von vierundzwanzig Jahren als einen Menschen, der seiner Zeit, seinem Ort und seiner Kultur angepasst ist, und „in der Lage ist, frei einem disziplinierten Willen und einem Urteil nachzugehen, ohne Vorurteile und ohne Angst".[2] Trotz neuer Erkenntnisse in den Neurowissenschaften und aller biologischen, pädagogischen und psychologischen Forschungsergebnisse, die die Realität der menschlichen Selbstbildung darlegen, versuchen Erwachsene zu Hause und in Schulen weltweit noch immer, Kinder und junge Erwachsene von außen zu formen, indem sie Belohnungen und Bestrafungen anwenden, um sie dazu zu zwingen, still zu sitzen und zuzuhören, anstatt die menschliche Energie in ihnen freizusetzen, die Welt für sich selbst zu erforschen und zu entdecken.[3]

Nun könnte man fragen, ob wir als Eltern und Lehrer denn nicht unsere Werte und die Lehren und die Geschichte von menschlichem Fortschritt und Zivilisation weitergeben sollten? Natürlich, aber wir geben dieses Wissen am besten weiter, indem wir es nicht erzwingen. Wir müssen stattdessen unseren Kindern eine Umgebung geben, die den unterschiedlichen Zielen und Bedürfnissen der menschlichen Selbstbildung in jeder der vier Phasen des frühen Lebens entspricht: die Jahre der Kindheit von der Geburt bis zum Alter von sechs Jahren und von 6 bis 12 Jahren sowie die Jahre der Adoleszenz von 12 bis 18 Jahren und 18 bis 24 Jahren. Jede dieser Phasen unterscheidet sich stark von den anderen, nicht nur in dem, was jedes Kind und jeder junge Erwachsene in einem bestimmten Zeitrahmen für sich entwickeln muss, sondern auch einzigartig in den angeborenen Kräften, die die Natur ihnen gegeben hat, um diese Ziele der Selbstbildung zu erreichen. Es war Montessoris Genialität, nicht nur die Merkmale jeder dieser einzelnen Phasen der menschlichen Entwicklung zu entdecken, sondern auch die besonderen innewohnenden Kräfte zu erkennen, die die individuelle Selbstbildung jedes Menschen erzielen. Diese angeborenen Kräfte sind für alle universell, unabhängig von Nationalität, ethnischer Zugehörigkeit, Rasse, Geschlecht oder anderen Faktoren, die wir zur Verblendung unserer allumfassenden Einzigartigkeit als Mensch herausstellen könnten. Von Geburt an hat jeder von uns den gleichen menschlichen Geist in sich. Und dadurch sind wir alle Mitglieder einer Art, die in ihrer Grundnatur geistig ist.

Montessori widmete ihr langes und erfolgreiches Leben der wissenschaftlichen Beobachtung und Erforschung der Eigenschaften jeder Phase der menschlichen Entwicklung, die die Kindheit und das junge Erwachsenenalter einschließt. Sie tat dies geleitet von Aufgeschlossenheit und Demut und folgte dabei keinem

---

2 Maria Montessori: *To Educate the Human Potential* (Amsterdam: Montessori-Pierson Publishing Company, 2007), S. viii.

3 Siehe A. S. Lillard: *Montessori: The Science Behind the Genius* (New York: Oxford University Press, 2017) sowie dies.: „Montessori, the Brain and the Young Adult", in: *The NAMTA Bulletin* (May 2008), S. 1–8.

von Erwachsenen vorgefassten Konzept. Mit vollem Respekt für jedes Kind und jeden jungen Erwachsenen war Montessori zuversichtlich, dass sie ihre inneren Bedürfnisse nach vollständiger Selbstbildung und die inneren Kräfte, die sie besitzen, um diese Bedürfnisse zu erfüllen, offenbaren würden. Während ihres ganzen Lebens hielt sie Vorträge über ihre Arbeit und schrieb Bücher darüber. Außerdem etablierte sie Ausbildungskurse, um ihre Methoden und die praktischen Details für den Aufbau erfolgreicher Montessori-Klassenräume zu erklären. Diese Ausbildungen werden von der Association Montessori Internationale (AMI), der von Montessori und ihren Kollegen gegründeten Organisation, zur Erhaltung und Verbreitung ihrer Arbeit akkreditiert. Heute gibt es überall auf der Welt AMI-Ausbildungszentren.

> **„Die angeborenen Kräfte sind für alle universell, unabhängig von Nationalität, ethnischer Zugehörigkeit, Geschlecht oder anderen Faktoren.“**

Ich hatte Glück, dass ich meine ersten Erfahrungen mit der Montessori-Pädagogik in einem Klassenraum mit den Kindern und einer Erzieherin, die eine traditionelle Montessori-Ausbildung erhalten hatte, sammeln konnte. Ich lernte von dieser Erzieherin, eigentlich genauso wie die Kinder, indem ich ihre Haltung und ihr Verhalten gegenüber Kindern beobachtete und aufnahm.

Wie sie sich zwischen den Kindern bewegte, war sie das perfekte Vorbild für Anmut und Respekt: Einem Kind eine Aktivität oder ein Material zu präsentieren; ein anderes Kind an die Hand zu nehmen und mit sanften und einladenden Worten zu sagen: „Komm mit mir, ich habe etwas Besonderes, das ich dir zeigen möchte.“; ein anderes Kind leise herauszufordern: „Ich frage mich, ob du dieses Tablett leise ins Regal stellen kannst?“; und wiederum zu einem anderen: „Kannst du das Glas füllen, ohne einen Tropfen Wasser zu verschütten?“ Ich erinnere mich lebhaft daran, wie sanft berührt sie wirkte, wenn ein Verhalten geändert werden musste: „Oh, schau einmal, hier ist dein Mantel auf dem Boden“, für ein jüngeres Kind; oder für ein älteres: „Könnest du helfen? Mary hat vergessen, ihren Stuhl heranzuschieben.“ Am meisten beeindruckte mich allerdings an einem Tag eine Aktivität, die „Das Stille-Spiel“ genannt wird: Die Lehrerin bittet dazu die Kinder, zusammen in einem Kreis zu sitzen. So saßen wir alle mit gekreuzten Beinen auf dem Boden und gaben keinen Ton von uns, die Augen geschlossen, keinen Muskel bewegend. Wir waren für etwa eine Minute in vollkommener Stille zusammen. Am Ende öffneten wir mit den Worten der Lehrerin unsere Augen: „Das war schön!“ und es war, als hätte jeder von uns in sich einen wahren Moment des Friedens und der Gemeinsamkeit des menschlichen Geistes erlebt. Es hört sich vielleicht wie ein Idealzustand an, aber nachdem ich in den 1970er-Jahren am Montessori-Institut in Milwaukee selbst zur Montessori-Lehrerin ausgebildet wurde und danach eine eigene

Schule mitbegründete sowie dort lehrte, kann ich Ihnen ganz sicher sagen, dass es ein erreichbares Ideal ist.

Heute vermisse ich meine Tage im Klassenraum. Ich vermisse die Herausforderungen, die Kämpfe, die Siege, den Frieden und die Freude, die alle mit den Kindern geteilt wurden, von denen jetzt die ältesten als junge Erwachsene in ihren Zwanzigern und Dreißigern ein erfülltes Leben führen. Ich habe jedoch noch eine andere Reise vor mir. Es geht darum, die Montessori-Prinzipien und -Praktiken auf die Jugendlichen der Sekundarstufe auszuweiten – derzeit ist dies weltweit eine sehr große und wachsende Bewegung. Die Reaktionen junger Menschen im Alter von 13 bis 18 Jahren auf die Montessori-Pädagogik sind ebenso überraschend wie in den ersten zwölf Lebensjahren. Die Jugendlichen arbeiten mit Enthusiasmus und Konzentration, individuell und gemeinschaftlich, in einer Umgebung, die Freiheit mit Grenzen passend ausbalanciert und in der die Erwachsenen sie respektvoll behandeln und gleichzeitig das Beste von ihnen erwarten. Die Jugendlichen reagieren darauf, indem sie ihnen genau das geben – ihr bestes Selbst.

Es gibt Hoffnung für eine bessere Welt, auf die diese jungen, feinen Montessori-Absolventen in ihrem Erwachsenenleben hinarbeiten werden. Alles beginnt mit unserer Arbeit als junge Eltern mit jedem unserer eigenen Kinder. Um Ihnen auf dieser wichtigen Reise mit Ihren Kindern zu helfen, empfehle ich Ihnen diesen kleinen Band und die weisen Worte von Maria Montessori.

Paula Polk Lillard

Eine Umgebung für das Kind[4]

Es war eine großartige Frau, Ellen Key, die prophezeite, dass das 20. Jahrhundert das des Kindes sein würde.[5] Am Ende des 19. Jahrhunderts begann eine neue Ära der positiven Wissenschaft: Hygiene und Psychologie kehrten in die Schule ein; Kinder wurden aus neuen Blickwinkeln betrachtet. Zu den wichtigen Schlussfolgerungen kam die Entdeckung, dass Kinder Opfer von Elend waren und auf vielfältige Weise unter Arbeit litten.

Die Schulen zu verbessern war eine Herzensangelegenheit und dennoch hat sich die konstruktive Arbeit, die aus dieser Bewegung hätte kommen sollen, um dem Kind zu helfen, bis jetzt nicht bemerkbar gemacht. Seltsamerweise wurde das Ausmaß des Problems nicht wirklich verstanden: Das Übel, das die neue Wissenschaft beklagte, wurde zwar auf viele Arten behandelt, aber es wurde nicht entwurzelt.

Die lobenswertesten Anstrengungen wurden unternommen, um die geistige Erschöpfung zu verringern: Schulen im Freien wurden ausprobiert, Spiele angeboten, Strafen gemildert und ein angenehmer Unterricht abgehalten. Man tat sich zusammen, um mit der Situation umzugehen. Lehrer richteten sich an Eltern, an die ganze Welt, damit sie sich für wissenschaftliche Bildung und Erziehung interessiere. Aber jeder nahm es für selbstverständlich, dass das Lernen in der Schule, so wissenschaftlich die Lehrmethoden auch sein mochten, ein System wäre, unter dem Kinder leiden würden, obwohl es natürlich zu ihrem Besten war.

Müssen wir wirklich jede Art von Bildung und Erziehung, die Leiden beinhaltet, als selbstverständlich betrachten? Vielleicht gehen wir, von Liebe getriebene Pädagogen und ebensolche Eltern, zusammen auf einem geschlossenen Weg ohne Ausgang. Vielleicht sollten wir lieber umkehren und einen anderen Weg ausprobieren.

---

4 Dieser Artikel wurde im *The Saturday Review* vom 19. Dezember 1931 veröffentlicht.

5 Ellen Key (1849–1926) war eine schwedische feministische Schriftstellerin. In ihren Texten befasste sie sich v. a. mit den Themen Familienleben, Ethik und Bildung. Weltbekannt wurde sie für ihr Buch *Das Jahrhundert des Kindes*, das im Jahr 1909 ins Englische übersetzt worden war. Sie war nicht nur eine überzeugte Anhängerin des Wahlrechts der Frau, sondern trat auch schon früh für einen kindgerechten Zugang zu Bildung und Erziehung ein.

Es gibt eine Anekdote eines Königs, der sein Königreich reformieren wollte. Er schickte nach seinen Beratern, und einer, weiser als die anderen, sagte: „Zuerst müssen Sie sich selbst reformieren, Sie und Ihr Gericht." In diesem Gleichnis wird der Platz des Weisen heute vom Kind eingenommen, weil es bei diesem Problem die aktive Person ist. Große Übel werden nicht dadurch gelöst, dass ein kollektiver Fehler gemildert wird. Nehmen wir den Fall der Emanzipation der Frau: Es geht nicht darum, Frauen ein paar mehr Rechte zu geben. Vielmehr geht es darum, die menschliche Persönlichkeit anzuerkennen, die voller Kraft in der Lage ist, einen großen und sicheren Beitrag zum Fortschritt der Menschheit zu leisten.

In Bezug auf die soziale Frage des Kindes sind die Missstände auf einen grundlegenden Fehler zurückzuführen. Es geht darum, die Reformer zu reformieren: Wir müssen alle verändert werden. Wir sind die Erwachsenen und das Kind hängt von uns ab. Seine Leiden kommen von uns, trotz unserer guten Absichten. Wenn diese Übel auftreten und der Fehler von uns herrührt, ist es notwendig, dass die Einstellung des Erwachsenen reformiert wird.

Zurzeit sind wir zum Beispiel davon überzeugt, dass es notwendig ist, das Kind dahingehend zu beeinflussen, ein kluger Mensch und nützlicher Bürger zu werden und einen ausgebildeten Geist zu besitzen. Wir denken, dass wir dies gestalten müssen, dass das Kind ohne uns nicht wachsen kann. Wir fühlen uns mit Verantwortung überschüttet und sind davon überzeugt, dass wir – wir Erwachsene – den Charakter des Kindes bilden müssen. Für uns besteht das Problem lediglich darin, einen erreichbaren Weg zu finden, entweder auf die einfache oder auf die schwierige Weise.

Aber das grundlegende Problem wird nicht diskutiert. Es wird oft einfach nicht erkannt. Daher ist es notwendig, dass der Erwachsene sich bewusst macht, dass ihm häufig nicht gelingt, was er sich vorgenommen hat. Er muss seine Einstellung ändern. Wir als Erwachsene müssen eine neue Rolle spielen. Wir müssen erkennen, dass wir dem Kind nicht helfen, sondern es behindern, wenn wir versuchen, es direkt zu formen.

Erwachsene und Kinder arbeiten auf ganz unterschiedliche Art und Weise. Der Erwachsene arbeitet an der Umwelt und verändert sie so, dass sie sich für ihn in bestimmten Endpunkten anpasst. Das Kind arbeitet daran, ein Mensch zu werden. Durch eine innere Kraft, die das Kind zu beständiger Tätigkeit drängt, erwirbt es nach und nach seine reifen Eigenschaften. Nun, wir kennen dieses ungezwungene Wesen nicht: dieses Kind, das ständig versucht zu arbeiten. Wenn wir es vorher nicht erkannt haben, dann deshalb, weil wir ihm Hindernisse in den Weg gelegt haben. Es gibt zwei Arten von Hindernissen: (1) Das Kind, das im Vergleich zum Erwachsenen schwach ist, jedoch starke Energien zur Selbstgestaltung besitzt, benötigt seine eigene Umgebung. Wir geben ihm nur die des Erwachsenen, wo nichts an seine Größe angepasst ist. (2) Dieses arme Kind muss gegen den Erwach-

senen kämpfen, der die Arbeit, mit der es so beschäftigt ist, nicht versteht und es bei jedem Schritt behindert.

Wir können sagen, dass für das Kind weder in der Schule eine angemessene Umgebung zu finden ist, da es in ihr gezwungen ist, still zu sitzen, obwohl es doch voller Tatendrang ist, noch ist das Zuhause, wo es ständig hört: „Komm! Geh! Fass das nicht an! …" seine Umgebung. Also gibt es sowohl in der Schule als auch zu Hause Konflikte, mit Lehrern sowie mit Eltern. Wir sind voller Liebe und unbewusstem Egoismus. In unserem Verhalten gibt es unbewusste Fehler.

Lassen Sie uns eine Minute in eine Schule sehen, die ein wahres Kinderhaus ist, wo Kinder Herr des Hauses sind.[6] Wir müssen uns an diesen kleinen, aber tief greifenden Unterschied erinnern, wenn wir den Raum betreten, in dem die Kinder arbeiten. Diese Kinder werden nicht wie in anderen Schulen behandelt, wo wir zuerst wissen wollen, wie sie unterrichtet werden, ob sie alles verstehen und ob sie diszipliniert sind. Im Gegenteil, wir müssen etwas ganz anderes lernen, etwas

6 Montessoris Kinderhaus ist für Kinder von 3 bis 6 Jahren bestimmt. Der italienische Begriff *Casa dei Bambini* wurde von Montessoris Freundin Olga Lodi geprägt, einer Journalistin, die beim Eintritt in Montessoris erste Schule im Bezirk San Lorenzo in Rom ausrief: „Aber das ist keine Schule, das ist ein Kinderhaus."

Wesentliches und Grundlegendes, etwas, das wir vom ersten Tag an lernen sollten: wie man das Kind respektiert.

Sie mögen sagen, dass Sie wissen, wie man ein Kind respektiert. Und das ist vielleicht wahr, aber auf eine moralische und theoretische Weise. Ich meine es wörtlich: Kinder müssen als soziale, menschliche Persönlichkeiten erster Ordnung respektiert werden. Wenn wir einen Klassenraum betreten, halten wir es beispielsweise für ganz natürlich zu den Kindern zu sagen: „Was machst du gerade?" oder „Warum hast du das gemacht?". Sehr oft kann uns das Kind darauf nichts antworten.

Diese abrupte Befragung ist kein Zeichen des Respekts. Wir tun es, weil wir die Persönlichkeit des Kindes auf einer niedrigeren Ebene sehen. Hierbei irren wir uns. Wir behandeln diese Kinder als Objekte, befehlen ihnen, sich hier und dahin zu setzen, zwingen sie dazu, sich in unsere Welt zu integrieren, ohne überhaupt über das Leben nachzudenken, das sie in ihrer eigenen Welt leben. Bei der Schaffung einer für das Kind geeigneten Umgebung besteht unsere erste Lektion darin, innezuhalten. Zu den Erzieherinnen in der Ausbildung, die das Kinderhaus betreten, sagen wir: „Halte inne. Bleib ruhig. Sprich kein Wort mit den Kindern. Mach keinen Lärm. Hier sind die Kinder in ihrer eigenen Welt. Du musst beobachten, indem du einfach schaust. Du darfst nicht urteilen, korrigieren oder lehren wollen. Nur auf diese Weise kannst du den Sinn und die Übung des Lehrens erfahren."

Diejenigen, die sagen, dass es eine Pflicht ist, das Kind in blindem Gehorsam zu halten, dass wir ein Recht haben, es zu korrigieren, und dass das Kind folglich intelligent, gut und angeleitet wird, täuschen sich selbst. Das Kind reagiert auf diese Behandlung, indem es sich verteidigt. Zum Beispiel wird es schüchtern und faul, weil es nicht handeln darf. Es lügt, um sich vor Bestrafung zu schützen. Es wird launisch und schwierig, weil es gestört wird und sich nicht konzentrieren kann. Der Erwachsene korrigiert dann mehr und mehr und es beginnt der erste Krieg: der Krieg zwischen dem Kind und dem Erwachsenen.

Aber sobald der Erwachsene aufhört, das Kind zu unterdrücken, zeigt es uns einen anderen Charakter: die starken Eigenschaften eines geistigen Wesens. Uns werden Qualitäten gezeigt, die weit davon entfernt sind, bekannt zu sein, so sehr, dass sie als Wunder bezeichnet werden. Und doch wurde nur eine entgegensetzte Handlung durchgeführt. Die Umgebung tritt positiv hervor, während der Erwachsene in den Hintergrund tritt. Zum Beispiel: Das Kind beginnt eine längere Arbeit. War es erst kleinlich und egoistisch, so wird es tatkräftig und seine Großzügigkeit bemerkenswert. Es ist eine Freude zu sehen, mit welcher Begeisterung das Kind arbeitet, wenn ihm Freiheit dazu gegeben wird und wenn ihm geeignete Gegenstände bereitgestellt werden, mit denen es seinen Wunsch nach Aktivität erfüllen kann.

Seit vielen Jahren beobachte ich das Kind bei der Arbeit und habe ihm im Kinderhaus eine neue Welt für seine Tätigkeit zur Verfügung gestellt. In seiner Kinderhaus-Umgebung findet es Gegenstände, mit denen es leicht umgehen kann, kleine Stühle und Tische, die es selbst verwalten kann, Materialien, die seinen inneren Arbeitsdrang befriedigen und es aus eigener Initiative lehren. Zu Hause sollte das ideale Umfeld für das Kind auch Möbel in Kindergröße und Utensilien enthalten, die es selbst handhaben kann. Dies ist noch nicht in jedem Haus praktikabel, aber zumindest kann der Erwachsene dem Kind eine geeignete geistige Umgebung bieten. Der Erwachsene darf sich nicht einmischen, darf nicht an Stelle des Kindes handeln. Gib ihm die Mittel und lass es handeln. Seine Freiheit besteht daraus. Ich bitte alle Erzieherinnen und alle Eltern, keine großen Unterweisungen zu geben, sondern stattdessen Ergebenheit und Einfachheit im Umgang mit kleinen Kindern zu üben. Ihr Leben ist frisch, ohne Rivalität oder äußeren Ehrgeiz. Es braucht so wenig, um Kinder glücklich zu machen, sie auf ihre eigene Art und Weise auf die normale Entwicklung der Frauen und Männer hinarbeiten zu lassen, die sie sein werden. Die größte Unterstützung, die wir der Kindheit schenken können, ist die Zurückhaltung in uns selbst.

Die neue Methode in der Erziehung

Das Ziel meiner Methode ist es, die Bedürfnisse des Kindes zu verstehen und diese so zu bedienen, dass sich sein Leben vollständig entwickelt. Wir geben dem Kind nahrhaftes Essen, damit sein kleiner Körper wachsen kann, und wir müssen ihm ebenfalls eine angemessene Nahrung für sein geistiges und moralisches Wachstum geben. Genauso wie wir seinem Körper nicht direkt helfen können, erwachsen zu werden, können wir nicht Geist oder Charakter für das Kind formen. Aber wir können seine geistigen Bedürfnisse genauso wie seine körperlichen Bedürfnisse sättigen – *und beide sollten gleichermaßen wissenschaftlich behandelt werden.*

Während vieler Jahre des Experimentierens und Beobachtens entdeckte ich, *dass Kinder durch Aktivität auf natürliche Weise lernen und dass sich ihre Charaktere durch Freiheit entwickeln.* Aber das sind allgemeine Prinzipien, die eine praktische Anwendung erfordern. Die Montessori-Materialien wurden entwickelt, um diesen Bedarf abzudecken. Diese Prinzipien stehen in direktem Gegensatz zu der alten Idee, dass ein Kind still sitzen sollte, während es unterrichtet wird, und dass alle seine Bewegungen unter der Aufsicht einer Lehrerin stehen sollten. Sie haben auch nichts mit den Kindergärten und Schulen gemeinsam, wo alles für die Kinder gemacht wird, Gesichter gewaschen, Schürzen angelegt, verschüttete Speisen aufgewischt, von der Uhr bestimmte Ruhezeiten und Unterricht und Spiele, die nach einem festen Zeitplan organisiert sind.

In Montessori-Kinderhäusern sind es die Kinder, die diese Dinge für sich selbst tun. Sie werden nicht – im wahrsten Sinne des Wortes – von einer Lehrerin unterrichtet, die Lehrerin ist eher eine Beobachterin und Helferin. Sie zeigt dem Kind, wie man die Materialien benutzt, sich waschen kann, aber es ist das Kind, das mit dem Material umgeht, sich in seiner Übung vervollkommnet und sein Gesicht von sich aus sauber hält. So ist das Kind sowohl aktiv als auch frei. Und aus diesen beiden Faktoren entsteht die lebenswichtige Eigenschaft eines starken Charakters: *die innere Disziplin.*

Stellen wir uns vor, dass ein Kind von drei oder vier Jahren in eines unserer Kinderhäuser kommt, obwohl es diesen Stand noch nicht erreicht hat. Bestimmte Anzeichen lassen dies schnell erkennen. In erster Linie sind seine Bewegungen plump. Eine grundlegende Muskelkoordination fehlt. Nun bringt es nichts, dem mit kleinen Korrekturen entgegenzuwirken. Das Kind benötigt eine Ausbildung, die die feineren Bewegungen behutsam koordiniert. Um diesem Bedürfnis gerecht zu werden, haben wir in unseren Kinderhäusern kindgerechte Möbel, leicht zu bewegen und hell in der Farbe. Wenn das Kind unbeholfen ist, wirft es Dinge um, macht Lärm und verschmutzt die schöne Farbschale. Es wird immer vorsichtiger und lernt bald, seinen Stuhl ohne den geringsten Laut zu bewegen und die Farbschalen sorgfältig mit Seife und Wasser zu reinigen. Während das Kind lernt, vorsichtig mit den Materialien umzugehen, wächst seine Freude und schließlich kann man ihm vertrauen, den Schrank mit den zerbrechlichen Gläsern im Inneren abzustauben. Es gibt keine Notwendigkeit, sich über seine plumpen Bewegungen, sein Geschrei und seine Ungeschicklichkeit zu sorgen. Sie werden von selbst verschwinden.

„Kinder lernen auf natürliche Weise durch Aktivität. Ihre Charaktere entwickeln sich durch Freiheit."

Eine zweite Eigenschaft, die immer mit diesem Mangel an Muskelkoordination einhergeht, ist die Schwierigkeit und manchmal die völlige Unfähigkeit des Kindes, seine Aufmerksamkeit auf reale Dinge zu richten. Es zieht es vor, in der Welt seiner Vorstellungen zu leben. Es würde lieber mit einigen Blättern und Kieselsteinen ein Feen-Fest geben, als die reale Welt um sich herum zu erforschen.

Unglücklicherweise wird dieses Verhalten von den Eltern oft missverstanden. Sie glauben, dass dies das Zeichen einer bemerkenswerten Vorstellungskraft, vielleicht das des künstlerischen Genies ist. Im Gegenteil, es ist eine Methode der Flucht vor der Realität, die den Charakter auflöst. Wenn das Kind aber seine Aufmerksamkeit eifrig auf die Welt um sich herum richtet, wird seine Phantasie eine sichere Grundlage haben. Die Lehrkraft, der es gelingt, ein Kind zu interessieren, etwa einen echten Tisch zu decken und eine richtige Mahlzeit zu servieren, wird sich an den abschweifenden Geist erinnern. Diese Koordination der feinen Bewegungen verbunden mit der Erinnerung an die abschweifende Aufmerksamkeit an die Realität wird das einzige Mittel sein, das benötigt wird. Sobald die Kraft erlangt ist, den Geist auf reale Dinge zu konzentrieren, wird der Geist wieder gesund und normal funktionieren.

> „Die einzige Belohnung liegt in der Vollendung der Arbeit – während dieser Zeit bilden sich innere Disziplin und die Grundlagen des Charakters."

Das dritte Merkmal ist eine Tendenz zur Nachahmung. Bei Kindern über zwei Jahren ist dies ein Zeichen großer Schwäche. Es deutet einen Willen an, der seine Instrumente nicht vorbereitet oder noch keinen eigenen Weg gefunden hat, sondern anderen folgt. Hier spielt das speziell entwickelte Material eine wichtige Rolle. Kinder zwischen drei und sechs Jahren haben einen echten „Sinneshunger". Sie lieben es, Dinge zu berühren, verschiedene Formen einander zuzuordnen, Farben und musikalische Klänge zu bewerten. Das Material ist sorgfältig abgestuft, um die Bedürfnisse des Kindes zu befriedigen. Sobald das Kind seine Aufmerksamkeit fixiert hat, wird es ein kleines Individuum, nicht mehr ein Nachahmer. Kinder zwischen drei und vier Jahren werden sich mühelos für eine Stunde konzentrieren können. Wir achten behutsam darauf, diese neue Kraft nicht durch willkürliche Forderungen nach einem festen Zeitplan zu zerstören.

Durch diese Konzentration entwickeln sich wichtige Charaktereigenschaften. Wenn die Konzentration vergangen ist, ist das Kind innerlich zufrieden. Es wird sich seiner Gefährten bewusst, an denen es ein reges und mitfühlendes Interesse zeigt. Seine eigene geistige Zufriedenheit macht es sanft und liebevoll und besonders empfindsam für schöne Dinge. Aus der Verbundenheit mit seiner Arbeit entwickelt sich Ausdauer, die Fähigkeit zur unermüdlichen Arbeit. Das Kind lernt auf vollkommen natürliche Weise ohne den geringsten Druck Gehorsam, weil es selbst das tun will, was richtig ist: das Material so zu gebrauchen, wie es gebraucht werden soll. Wenn es fertig ist, möchte es seine Freude teilen, kleineren Kindern helfen. Und weil die anderen seine Arbeit respektiert haben, denkt es nie daran, Kinder zu stören, die noch arbeiten.

Sicher sind dies unschätzbare moralische und soziale Qualitäten. In unseren Kinderhäusern und Schulen gibt es keine Strafe oder Belohnung, die die Freude an der Arbeit selbst stören. Die einzige Belohnung liegt in der Vollendung der Arbeit – während dieser Zeit bilden sich innere Disziplin und die Grundlagen des Charakters.

Wie gerne würde ich Ihnen mehr von den Kindern und ihrer Arbeit erzählen: wie sie älter werden und damit beginnen, immer mehr Materialien zu benutzen. Sie lernen Zahlen und Schreiben und Lesen. Alles mit derselben Leichtigkeit und Freude.

Und vor allem würde ich Ihnen gerne davon berichten, wie viele zurückgebliebene Kinder es durch die Methode, die Bedürfnisse des Kindes zu verstehen und es mit den Mitteln zur Entwicklung seines eigenen Geistes und Charakters zu versorgen, auf ein durchschnittliches Leistungsniveau gebracht wurden.

Ich habe aber genug gesagt, wenn ich Sie davon überzeugt habe, für sich das interessante Experiment durchzuführen, eines unserer Kinderhäuser zu besuchen, um den glücklichen Kleinen bei der Arbeit zuzusehen.

Eltern können zu liebevoll sein

Wie leicht lässt uns unsere Liebe im Umgang mit unseren Kindern unklug werden. Ich meine das nicht im nahe liegenden Sinne – es ist eine unwissende oder törichte Mutter, die jedes Mal ihr kleines Kind aufnimmt, wenn es weint, damit es die Gewohnheit lernt, nach Zärtlichkeit zu weinen –, aber auf eine subtilere und ungeahnte Weise.

Wenn sich beispielsweise ein Baby nach einem Gegenstand ausstreckt, der seine Aufmerksamkeit erregt, und wir geben ihm den Gegenstand und es lässt diesen Gegenstand wieder fallen und weint dann. Was bringt unsere Liebe so oft dazu, diesen interessanten Gegenstand schließlich wegzunehmen, wenn das Baby es zwei- oder dreimal fallen gelassen hat und unsere Geduld am Ende ist? Wir sagen, es sei „unartig", „tue dies mit Absicht", „dass es sich so nicht verhalten darf, denn ansonsten wird es eigensinnig und launisch". Und so entwirft unsere Liebe bereits in der Wiege seinen zukünftigen Charakter, den wir als etwas sehen, das wir durch Korrekturen und Disziplin formen müssen.

Aber denken Sie nur für einen Moment an dieses kleine Baby. Es streckt sich nach seiner Rassel, seine Mutter hält sie ihm hin, die kleinen Finger schließen sich um den Gegenstand, dann öffnen sie sich wieder und er fällt zu Boden. Es will ihn wieder haben. Die kleinen Finger schließen und öffnen sich. Schauen Sie es genau an, vergessen Sie, dass es mühsam seine Rassel aufhebt und dann fallen lässt – das ist Ihre Sichtweise – sehen Sie zu, wie es seine eigenen kleinen Finger beobachtet, um zu sehen, wie es sich für sie interessiert. Das Baby entwickelt seine Muskeln. Wenn Sie es genau beobachten, sehen Sie vielleicht, dass sich die kleinen Finger nacheinander öffnen und nicht alle gleichzeitig – das ist ein großer Fortschritt. Nach und nach wird es Meister seiner eigenen Finger. Es juchzt vor Freude, wenn es die Rassel fallen lässt und Sie sie geduldig für ihn aufheben. Es gibt keine Ungezogenheit in ihm, es braucht keine äußere Disziplin. Bald wird es diese Tätigkeit von sich aus hinter sich lassen und vielleicht werden seine kleinen Zehen für ihn die interessantesten Dinge der Welt sein.

> „Wenn Sie es genau beobachten, sehen Sie vielleicht, dass sich die kleinen Finger nacheinander öffnen."

So viele Mütter lieben ihre Kinder sehr, aber sie haben noch nicht gelernt, in ihrer Liebe weise zu sein. Es ist nicht verwunderlich, dass Pädagogen erst in den letzten Jahren zu verstehen beginnen, dass ein kleines Kind einen inneren spontanen Drang dazu hat, die gegenständliche Welt um sich herum zu ergreifen. Gleichzeitig übt das Kind dabei seine Muskeln und bringt auf diese Weise seine Entwicklung voran.

Es ist ungeheuer wichtig, dass wir die spontane Art verstehen, in der sich das Kind selbst entwickelt. Wir sind so sehr bemüht, zu helfen. Uns scheint die Last des Wachstums und der Entwicklung so groß zu sein, dass wir alles tun, um ihm diesen Weg zu erleichtern. Unsere Liebe übertrifft sich leicht selbst. Indem wir zu viel verlangen, zu viele Warnungen und Korrekturen geben, bringen wir das Kind vom natürlichen Weg seiner Entwicklung ab und verursachen damit, dass seine Energie abgelenkt wird. Das Kind kehrt sich in sich selbst zurück, was zu Zimperlichkeit, Angst, Faulheit, Schalkhaftigkeit und einer Menge anderer unerwünschter Eigenschaften führt, die leicht hätten vermieden werden können.

Wir versuchen, diese unangenehmen Erscheinungen zu verbannen, indem wir noch mehr korrigieren. Wir versuchen mehr denn je, den Charakter des Kindes auf Wege zu zwingen, von denen wir glauben, dass es zu seinem eigenen Besten sein sollte. Und anstatt das Ergebnis zu erreichen, welches wir uns so ernsthaft und liebevoll wünschen, treiben wir das Kind immer weiter in sich hinein. Es ist aufgebracht und weint launisch, als ob es ihm Spaß macht, Wutanfälle zu haben. In Wirklichkeit gibt es nichts Unnatürlicheres als Verdrießlichkeit, wenn ein Kind gesund ist. Ein Kind, das sich auf natürliche Weise entwickelt, sollte sich ständig und glücklich beschäftigen, wenn es Kleinigkeiten und interessante Gegenstände hat, die es selbst handhaben kann.

Ich habe meine Erziehungsmethode auf diesem Prinzip der Entwicklung des Kindes im Umgang mit interessanten Gegenständen aufgebaut. Über dreißig Jahre lang habe ich mit kleinen Kindern gearbeitet und durch Beobachtung ihrer Entwicklung Möglichkeiten für ihre Erziehung bereitgestellt. Aus all dieser Erfahrung hat sich der folgende Grundsatz ergeben, der über allen anderen steht: Wir können unsere Kinder so sehr lieben, dass es uns blind für das macht, was für sie am besten ist. Wir können uns so sehr danach sehnen, dass sie zu angesehenen Frauen und Männern werden, dass wir sie stets korrigieren und frustrieren, ohne auch nur zu merken, dass sie die Kraft ihrer eigenen Entwicklung in sich selbst haben.

Wir können nicht sehen, dass ein Kind, das interessiert ist und selbst aktiv kleine Pläne verfolgt und Bewegungen ausführt, Willenskraft und Selbstbeherrschung aufbaut. Wenn ein Kind unermüdlich versucht, Muster mit seinen Blöcken zu bilden, einfach, weil es daran interessiert ist, besteht keine Notwendigkeit für äußere Disziplin. Das Kind diszipliniert sich selbst.

Bitte verstehen Sie mich nicht falsch, wenn ich sage, dass Liebe so viele von uns zu unnötigen Fehlern führt. Ich meine nicht, dass Sie Ihre Kinder nie korrigieren sollten. Aber ich sage, dass Verbote viel weniger effektiv sind – tatsächlich sind sie

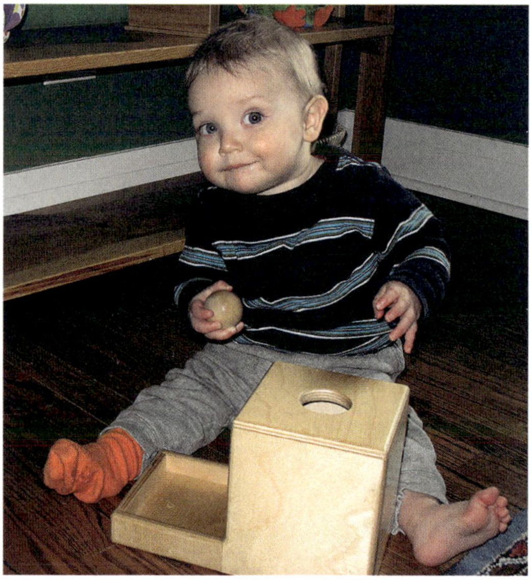

definitiv schädlich, wenn sie ein kleines Kind mit Angst oder Groll erfüllen –, als ihm eine alternative Aktivität zu geben, an der es vielleicht freudig arbeitet und alles über die vorherige Tätigkeit oder das Verhalten vergisst, über die Sie besorgt waren oder sie beenden wollten.

„Wir können unsere Kinder so sehr lieben, dass es uns blind für das macht, was für sie am besten ist."

Aber in ihrer Angst, seiner Entwicklung zu wenig zu helfen, gehen Eltern zum anderen Extrem und versuchen, dem Kind zu sehr zu helfen. Der spontane Entwicklungsdrang im Kind bestimmt sein eigenes Tempo. Es ist die Aufgabe eines weisen und liebevollen Elternteils, zu den Aktivitäten des Kindes zu stehen, sein Wachstum zu beobachten, anstatt zu versuchen, es zu erzwingen. Eine Mutter sollte nur Hilfe geben, wenn sie benötigt wird.

So oft wird gedacht, ein kleines Kind wäre aus Wachs. Wir glauben, dass seine Zukunft als würdiger Bürger in unseren Händen liegt, dass wir das Wachs bearbeiten müssen, es in die von uns gewünschte Form drücken, während es noch weich und biegsam ist. Es ist wahr, dass der Geist des Kindes wachsartig ist, genauso wie die Muskeln des Kindes im Laufe ihrer Entwicklung durch speziell entworfene Übungen verändert werden können.

Aber – ziehen wir eine Parallele – wenn wir in das normale Wachstum und die Entwicklung der Muskeln des Kindes eingreifen, zerstören wir leicht das physische Wachstum des Kindes. Wenn wir also hier eingreifen und versuchen, die Intelligenz und das geistige Wachstum des Kindes aus dem normalen Verlauf seiner Entwicklung mit Nachdruck abzulenken, können wir den Charakter auf subtile Weise verzerren.

Wenn wir klug sind, werden wir Verständnis mit unserer Liebe vermischen. Es ist wunderbar, wie mutig dieses zarte, kleine Kind das innere Prinzip seines Wachstums gegen ungünstige Bedingungen behauptet. Aber dafür verwendet es wertvolle Energie. Wenn wir es daran hindern, kämpft es gegen uns. Wenn wir in unserer Liebe unklug sind, stellen wir uns in das gegnerische Lager. Aber wenn wir klug sind, beobachten wir seine Entwicklung mit Verständnis. Wir gewinnen sein Vertrauen und wir teilen die volle Freude seiner glücklichen Kindheit.

Kinder würden lieber arbeiten als zu spielen

„Spielen ist für Kinder etwas Selbstverständliches“, kann ich Sie sagen hören. „Meinen Sie wirklich, dass sie lieber arbeiten als spielen?“

Ja, das meine ich. Aber der Unterschied ist, dass ich über die Arbeit und das Spiel von Kindern etwas anders denke als die meisten Leute. Vielleicht denken Sie, dass Kinder nur im Unterricht arbeiten oder zu Hause, wenn sie einfache Aufgaben erledigen. Jedenfalls scheinen sie dabei nicht besonders viel Spaß zu haben. Sie sind immer bestrebt zu spielen.

Aber Sie werden überrascht sein, wenn ich Ihnen sage, dass der größte Teil von dem, was Sie als „Spielen“ bezeichnen, in Wirklichkeit Arbeit ist. Erwachsene denken bei Spiel an eine zwecklose Beschäftigung, die Kinder glücklich macht und sie von Unfug abhält. Wenn Kinder aber tatsächlich alleine spielen müssen, ist sehr wenig ihrer Aktivität ohne Sinn. Kinder haben einen ausgeprägten Instinkt für

Selbstschutz. Da die meisten Erwachsenen ihre Arbeit nicht verstehen, verbergen sie häufig recht listig, wie wichtig es ist, was sie tun, während die Mutter denkt, dass sie nur spielen.

Es gibt eine Sache, die die meisten Eltern fest glauben: Arbeit ist für Kinder schwer, aber planloses Spiel ist einfach und natürlich. Und wenn sie über einem Lesebuch eine kleine Stirn runzelnd sehen, die verzweifelt versucht zu lernen, sagen sie, dass das Kind bei der Arbeit ist. Es handelt sich offensichtlich um eine schwierige Arbeit. Wenn sie aber den gleichen kleinen Jungen in einer unserer Schulen sehen würden, der die Umrisse eines Einsatzes von ausgeschnittenen Holzbuchstaben nachfährt, die Buchstaben auf einen Blick erkennt und sie so arrangiert, dass sie Wörter ergeben, und er voller Zufriedenheit und Freude vor sich hin kichert, würden sie dies nicht Arbeit nennen. „Er lernt", würden sie sagen, „aber er ist so glücklich. Es ist ja ganz klar, dass er auch spielt. Und trotzdem ist Lernen schwierig. Das ist sehr verwirrend."

„Es gibt eine Sache, die die meisten Eltern fest glauben: Arbeit ist für Kinder schwer, aber planloses Spiel ist einfach und natürlich."

Es ist nur verwirrend, weil Sie noch nicht entdeckt haben, dass Lernen für ein Kind etwas Natürliches ist, planloses Spielen nicht. Wir machen für Kinder das Lernen schwierig, indem wir versuchen, sie mit Methoden für Erwachsene zu unterrichten. Der natürliche und glückliche Weg für Kinder zu lernen besteht

jedoch darin, reale Gegenstände zu berühren und zu bewegen, und nicht indem man versucht, sich Regeln einzuprägen. Unsere Vorstellung vom kindlichen Spiel ist falsch, weil wir nicht bemerkt haben, dass ein Kind immer damit beschäftigt ist, an seiner eigenen Entwicklung zu arbeiten.

Wenn ein Erwachsener an Arbeit denkt, hat er dabei ein bestimmtes Ziel vor Augen – seine Tage für ein Gehalt in einem Büro zu verbringen. Aber die Arbeit eines Kindes basiert darauf, Dinge um ihrer selbst willen zu tun. Seine Arbeit führt es zu einem Ziel: Durch seine Arbeit baut das Kind den Menschen auf, der es einmal sein wird. Aber das Kind weiß dies nicht. Es weiß nur, dass es ihm Spaß macht, bestimmte Dinge zu tun. Das ist seine Arbeit.

Wenn ein kleines Mädchen damit beschäftigt ist, ihre Puppe an- und auszuziehen, macht es ihrer Mutter nichts aus, ihr Spiel für etwas Triviales zu unterbrechen. Aber siehe, wie das Mädchen diese Beschäftigung absorbiert! Ihre Arbeit sollte nicht unterbrochen werden: Die kleinen Finger üben sich, der junge Geist lernt die Bedeutung der Ordnung, denn der Puppe muss ihre Kleidung genau richtig angezogen werden.

Wir sind völlig auf dem Holzweg, wenn wir glauben, dass teures Spielzeug ein Kind glücklich macht oder dass das Kind besonders glücklich ist, wenn ein Kindermädchen alles für es erledigt. In Wirklichkeit ist das Kind einer geschäftigen

Mutter glücklich. Es versucht sich selbst an Dingen, es macht aus einfachen Dingen Spielsachen und nutzt dabei seinen eigenen Einfallsreichtum. Es kann auf seine eigene Art frei arbeiten und verwandelt so das Spiel in bereichernde Arbeit, die seinen Bedürfnissen entspricht, während das reiche Kind oft so spielen muss, wie es sich die Erwachsenen vorstellen. Deshalb sind Kinder mit Schränken voller Spielzeuge oft gelangweilt und ungezogen, während sich das alleingelassene Kind an sehr einfachen Dingen erfreut und stundenlang in einer Arbeit seiner Wahl glücklich versinkt.

„Durch seine Arbeit baut das Kind den Menschen auf, der es einmal sein wird."

Erwachsene haben trotz all ihrer Psychologie noch nicht die Motive des Kindes ergründet. Es ist schwer für uns, denn unsere Motive unterscheiden sich so sehr davon. Wir wollen materielle Dinge, während das Kind nur eine interessante Beschäftigung will. Sein gegenwärtiges Glück, seine Entwicklung sowie sein Charakter und seine zukünftige Intelligenz hängen so sehr von der eigenen Wahl dieser Arbeit ab.

Die kluge Mutter wird sich daran erinnern, dass Spielzeit niemals vergeudet ist. Solange die Kinder rege beschäftigt sind, arbeiten sie an ihrer eigenen Entwicklung – denn Kinder arbeiten lieber, als dass sie spielen.

Lassen Sie Ihr Kind sein Geheimnis bewahren[7]

Einige Erwachsene sind misstrauisch, wenn Kinder ein eigenes Geheimnis haben. In der Tat habe ich einige Eltern kennengelernt, die die bloße Vorstellung verärgert, dass ihre Kinder etwas vor ihnen verheimlichen.

Eine ratlose Mutter, die immer wissen wollte, was ihre kleine Fünfjährige in jeder Minute tat, ständig Fragen stellte und sich in alles einmischte, konnte nicht verstehen, warum das Kind unkontrollierbare Launen entwickelt hatte. Sie wurde fast wütend auf mich, als ich ihr erzählte, dass es nichts anderes als die instinktive Art des Kindes wäre, etwas geheim zu halten. „Geheimnis!" Sie sah mich verwirrt an und fügte trotzig hinzu: „Joan hat keine Geheimnisse vor mir. Ich versuche ihr stets zu zeigen, wie interessiert ich an allem bin, was sie tut. Ich möchte ihr beim Aufwachsen das Gefühl vermitteln, dass ich ihre beste Freundin bin und sie mir alles erzählen kann."

Ich brauchte eine ganze Weile, um die Mutter davon zu überzeugen, dass das Kind, wenn sie an ihrer Haltung festhielte, ebenfalls launisch bliebe, bis eine unüberwindbare Barriere sie trennen würde. Ein Kind mit weniger Geist mag leicht in entgegengesetzter Weise reagieren und ein kleines Echo seiner Mutter werden, ohne jede eigene Persönlichkeit. Es wäre bereit, alles Beliebige mitzumachen, gefällig, eindringlich plappernd – aber ein wenig unwichtig. Ein Kind ohne Geheimnis wird ein Erwachsener ohne Persönlichkeit.

Dieses Geheimnis, das Kinder haben, ist gar nicht so mysteriös. Es ist das Prinzip ihres eigenen Werdens, das sie niemandem erklären können, auch wenn ein

---

7 Dieser Beitrag wurde das erste Mal in englischer Sprache veröffentlicht in: Maria Montessori: The Child, Society and the World: A Selection of Speeches and Writings. Montessori-Pierson Publishing. Amsterdam 2016, S. 4–6.
Anm. d. Ü.: In deutscher Übersetzung in: Maria Montessori: Spannungsfeld Kind – Gesellschaft – Welt. Freiburg: Verlag Herder 1979, in: Maria Montessori: Kinder lernen schöpferisch. Die Grundgedanken für den Erziehungsalltag mit Kleinkindern. Hrsg. Ingeborg Becker-Textor, Herder Spektrum 1994, S. 114–117 sowie in: DAS KIND – „Eltern und Montessori" – Zeitschrift der Deutschen Montessori Gesellschaft 2014.

törichter Erwachsener noch so sehr versuchen möchte, ihnen ihr Geheimnis zu entreißen.

„Ein Kind ohne Geheimnis wird ein Erwachsener ohne Persönlichkeit."

Heutzutage sind wir alle so wissenschaftlich, so beschäftigt damit, das Warum und Weshalb von allem zu verstehen, dass viele gewissenhafte Eltern ohne nachzudenken versuchen, ihre Kinder zu verstehen, indem sie sie befragen. Aber das bedeutet auch, nach dem Geheimnis des Kindes zu fragen. Und das Kind nimmt dies übel. Solche Versuche können nicht gut gehen. Wenn ein Kind eine hübsche Blume sieht und seinen Namen und seine Farbe wissen möchte, sagt die kluge Mutter, dass die Blume eine Rose ist und die Farbe Rot ist. Sie hat Hilfe gegeben, als sie danach gefragt wurde. Und das Kind ist zufrieden. Wenn es das aufgenommen hat und mehr wissen will, wird es von sich aus fragen. Aber wenn die Mutter es fragt: „Warum willst du den Namen der Blume wissen?", „Warum bist du plötzlich an Farben interessiert?", kann das Kind ihr darauf keine Antwort geben. Das Kind bemüht sich, ist aber verwirrt. Die Mutter versuchte, sein

Geheimnis aufzudecken. Wenn das Kind das nächste Mal etwas wissen will, wird es lieber seine Lehrerin fragen, die ihm keine unangenehmen Gegenfragen stellt – das heißt, wenn sie eine unserer Lehrerinnen ist.

Als beispielsweise die kleine Joan mit ihren schrecklichen Launen in eines unserer Kinderhäuser kam, wusste sie am ersten Tag nicht, was sie davon halten sollte, weil niemand sie störte oder ihr Fragen stellte. Sie betrachtete das ganze Material, mit dem die Kinder arbeiteten, nahm die Perlenketten, und als die Erzieherin ihr gezeigt hatte, was damit zu tun sei, wurde sie damit allein gelassen. Und zwar so lange, bis sie der Erzieherin einige Sandpapierbuchstaben brachte und selbst einige Fragen dazu stellte. Um 11 Uhr stieß sie einen großen Seufzer aus und sagte: „Was ich alles getan habe." Und sie hatte tatsächlich versucht, ein bisschen von allem zu machen. Am nächsten Tag machte sie dasselbe, ging von einem Material zum anderen, nahm sich aber für jedes einzelne etwas mehr Zeit. Und am dritten Tag war sie von einem Satz mit Figuren wirklich gebannt. Da saß sie für eine ganze Stunde recht gesammelt – aufmerksam die Winkel und Kurven mit ihren Fingern nachfahrend und dann den Umriss sorgfältig nachzeichnend.

Von diesem Tag an wurde sie ein anderes Kind. Sie war schnell und mit einer großen Kraft von Konzentration an ihrer Arbeit – und weil sie niemand störte, bekamen wir im Kinderhaus nie ihre Launen zu spüren. Natürlich wurde sie zu Hause nicht ganz so schnell geheilt. Aber wir haben ihre Mutter gebeten, zu uns zu kommen und den Kindern bei der Arbeit zuzusehen. Und wir haben ihr erklärt, wie wichtig es ist, nicht in die Beschäftigung eines Kindes einzugreifen, außer wenn es um Hilfe bittet. Solange ein Kind aktiv an dem interessiert ist, was es gerade tut, und diese Aktivität niemandem schadet, arbeitet es eindeutig an seiner eigenen Entwicklung. Mit jedem neuen Gedanken, dem es nachgeht, entwickelt das Kind Konzentration und Selbstdisziplin.

Ein Kind weiß nicht, warum es sich zu einem bestimmten Zeitpunkt für einen bestimmten Gegenstand oder eine bestimmte Bewegung interessiert. Es ist nur wichtig, dass es sich dafür interessiert. Es ist für seinen Geist genauso selbstverständlich zu wachsen wie für seinen Körper. Deshalb ist das, wofür es sich im Moment interessiert, für seine Bedürfnisse geeignet.

> „Wie wichtig es ist, nicht in die Beschäftigung eines Kindes einzugreifen, außer wenn es um Hilfe bittet."

Wir nennen unsere Kindergärten Kinderhäuser. In ihnen sind die Kinder die Meister. Wenn wir Besucher haben, erlauben wir ihnen nicht, sich so zu verhalten, als wären die Kinder zur Schau gestellte Objekte, die ausgefragt werden können. Unsere Besucher kommen als Gäste in das Kinderhaus. Und wir erwarten von ihnen, dass sie unsere Kinder als Gastgeber respektieren. Gäste fragen nicht: „Was machst du da?", „Warum tust du dies?", „Was bedeutet das?". Für uns ist es sinnlos, da nachzuforschen, denn das Kind kann weder über die Funktionsweise seines Geistes noch über die seines eigenen körperlichen Wachstums Rechenschaft ablegen. Aber wir können seine Entwicklung stören, wenn wir unbedacht handeln. Wir können den Sinn für Unabhängigkeit des Kindes durch gedankenlose Befragung zerstören.

Es ist an uns Hilfe zu geben, wenn wir darum gebeten werden. Wenn wir darauf achten, nicht in die Aktivitäten und Interessen eines Kindes einzugreifen, solange sie nicht schädlich sind, wird die Natur für die Entwicklung des Kindes sorgen.

Ihre kleinen Töchter und Söhne sind Frauen und Männer im Entstehen. Lassen Sie die Kinder ihr kindliches Geheimnis bewahren und Sie werden die Genugtuung erleben, dass Ihre Kinder Sie um Hilfe bitten, wenn sie welche brauchen. Und über die Jahre werden Sie sehen, wie das Geheimnis ihrer Kindheit zu erwachsener Charakterstärke und echter Unabhängigkeit heranwächst.

Wenn Ihr Kind es besser weiß[8]

Wenn eine törichte Froschmutter zu ihren kleinen Kaulquappen im Teich sagte: „Kommt aus dem Wasser, atmet die frische Luft, genießt das junge Gras und ihr werdet alle zu kräftigen, gesunden kleinen Fröschen heranwachsen. Kommt jetzt! Eure Mutter weiß, was am besten für euch ist!" und die kleinen Kaulquappen versuchten zu gehorchen, es würde sicherlich das Ende der Kaulquappen sein.

Und dennoch versuchen viele von uns, unsere Kinder genauso großzuziehen. Wir möchten sie unbedingt zu intelligenten und nützlichen Bürgern mit gutem Charakter und guten Manieren erziehen. Und so verbringen wir unsere Zeit und Geduld damit, sie zu korrigieren, ihnen zu sagen, dieses zu tun und jenes nicht zu tun. Wenn sie dann wissen wollen: „Warum, Mama?", denken wir noch nicht einmal darüber nach, warum wir sie gestört haben. Stattdessen bringen wir ihnen entgegen: „Mama weiß, was am besten für dich ist."

Wir sind in genau der gleichen Position wie die törichte Froschmutter. Wenn wir es doch nur sehen könnten! Dieses junge Leben, das wir zu formen versuchen, braucht kein Zwingen und Quetschen, kein Verbessern und Mäkeln, um seine Intelligenz und seinen Charakter zu entwickeln. Die Natur kümmert sich um Kinder genauso wie sie dafür sorgt, dass die Kaulquappe zu einem Frosch heranwächst, wenn die Zeit dafür reif ist.

„Aber", kann ich Sie sagen hören, „sollen wir unsere Kinder tun lassen, was sie wollen? Woher wissen sie, was das Beste für sie ist, wenn sie keinerlei Erfahrung haben? Und man bedenke, als was für kleine Wilden sie aufwachsen würden, wenn

8 Dieser Beitrag wurde das erste Mal in englischer Sprache veröffentlicht in: Maria Montessori: The Child, Society and the World: A Selection of Speeches and Writings. Montessori-Pierson Publishing. Amsterdam 2016, S. 2–3.
Anm. d. Ü.: In deutscher Übersetzung in: Maria Montessori: Spannungsfeld Kind – Gesellschaft – Welt. Freiburg, Verlag Herder 1979 und in Maria Montessori: Kinder lernen schöpferisch. Die Grundgedanken für den Erziehungsalltag mit Kleinkindern. Hrsg. Ingeborg Becker-Texter. Freiburg, Herder Spektrum 1994, S. 110–112 sowie in: DAS KIND – „Eltern und Montessori" – Zeitschrift der Deutschen Montessori Gesellschaft 2014.

wir ihnen keine Manieren beibringen …" Und ich würde Ihnen antworten: „Haben Sie Ihren Kindern jemals die Chance gegeben, auch nur einen Tag lang zu tun, was sie wollen, ohne dass Sie sich einmischen?"

Probieren Sie es aus und Sie werden erstaunt sein. Beobachten Sie, wie etwas das Interesse Ihres Kindes weckt. Vielleicht sieht es, wie Sie einen Schlüssel im Schloss drehen und möchte es dann auch tun. Oder es möchte Ihnen beim Fegen helfen oder einfach ein lustiges kleines Muster mit Kieselsteinen auf Ihren sauberen Fußboden legen. An jedem anderen Tag würden Sie sagen: „Stehe mir nicht im Wege. Spiel mit deinen Spielsachen."

Aber heute geben Sie ihm den Schlüssel. Versuchen Sie, einen kleinen Besen zu finden. Lassen Sie das Muster auf dem Boden liegen und sehen Sie, wie sehr sich Ihr Kind darin versenken kann. Für Kinder reicht es oft nicht aus, etwas ein- oder zweimal zu tun. Sie führen dieselbe einfache Handlung immer und immer wieder aus, bis sie ihren inneren Drang dazu gesättigt zu haben scheinen. Sie werden überrascht sein, wie wenig Unfug ihr Kind macht, wenn es sich mit etwas beschäftigen darf, das es wirklich interessiert.

Aber wenn Sie sich ungeduldig einmischen und eine das Kind fesselnde Beschäftigung unterbrechen, zerstören Sie die Konzentration und Ausdauer Ihres Kindes – wertvolle Lektionen, die es sich selbst erteilt. Es wird unzufrieden sein und mit einem Gefühl der Enttäuschung und Unruhe erfüllt sein. Und sehr wahrscheinlich wird das Kind sich Luft verschaffen, indem es bewusst Unfug macht.

Und was ist das für eine Mühsal, vor der wir uns fürchten, wenn wir kleine Kinder nicht korrigieren? Wir sagen, dass wir sie zu ihrem eigenen Wohl korrigie-

ren. Und meistens glauben wir dies tatsächlich. Aber es ist seltsam, wie oft das, was wir als zu ihrem Besten ansehen, mit unserer eigenen Bequemlichkeit einhergeht. Wir sind alle so sehr mit unserer erwachsenen Frosch-Arbeit beschäftigt, dass wir vergessen, dass die kleinen Kaulquappen ihre eigene Arbeit haben: die Aufgabe, zu Frauen und Männern heranzuwachsen.

Und das ist eine Arbeit, die die Kinder nur selbst tun können. Die größte Hilfe, die wir ihnen geben können, besteht darin, bereit zu sein und zu sehen, dass sie sich auf ihre eigene Art frei entwickeln. Andererseits können wir ihnen diese Arbeit sehr erschweren. Wenn wir beharrlich sagen: „Aber Mama weiß, was am besten für dich ist" und versuchen, ihren wachsenden Verstand und Charakter nach unseren eigenen Maßstäben zu formen, werden wir nur ihre Selbstdisziplin zerstören. Wir werden die Konzentrationsfähigkeit des Kindes brechen, indem wir versuchen, seine Aufmerksamkeit auf Dinge zu lenken, an denen es nicht interessiert ist. Wenn wir zu sehr darauf bestehen, wird das Kind Hinterlist entwickeln.

Aber wenn wir unsere ganze Einstellung ändern und zu uns selbst sagen: „Mein Kind weiß, was das Beste für es ist. Selbstverständlich achten wir darauf,

dass ihm kein Schaden zugefügt wird. Aber anstatt uns darin zu versuchen, ihm unsere Wege aufzuzeigen, geben wir ihm die Freiheit, sein kleines Leben auf seine eigene Art zu leben." Wenn wir aufmerksam sind, werden wir vielleicht etwas über die Wege der Kindheit lernen.

Dies ist eine neue Sichtweise, das Problem der Verantwortung zu betrachten, das viele Eltern so schwer belastet. Diejenigen von uns, die versucht haben, die Wege der Kindheit von Kindern zu lernen (anstatt von unseren eigenen Ideen), waren über die Entdeckungen, die wir gemacht haben, erstaunt. In einem Punkt stimmen wir alle überein: Kinder leben in einer Welt ihrer eigenen Interessen. Und die Arbeit, die sie dort verrichten, muss respektiert werden. Denn obwohl viele Aktivitäten von Kindern für Erwachsene sinnlos scheinen, verwendet die Natur sie für ihre eigenen Ziele. Sie baut Geist und Charakter ebenso auf wie Knochen und Muskeln.

Die größte Hilfe, die Sie Ihren Kindern geben können, ist die Freiheit, ihre eigene Arbeit auf ihre eigene Art und Weise zu verrichten, denn in diesem Fall weiß es Ihr Kind besser als Sie.

Die neue Bewegungserziehung

„Was für kleine Zappelphilipps Kinder doch sind!" Wie oft habe ich besorgte Mütter gehört, die sich darüber beschweren, dass ihre Kinder es nicht schaffen, auch nur zwei Minuten still zu sitzen. Ich antworte darauf immer: „Selbstverständlich können Kinder nicht auf Befehl stillhalten. Das ist unnatürlich. Aber ein kleiner Zappelphilipp zu sein, dahinter steckt etwas anderes. Es ist ganz einfach, dies zu beenden."

Zappeln ist ein zielloses Bewegen. Ein gesundes Kind bewegt sich in der Regel nicht ohne Ziel. Es sei denn, es kommt ihm etwas in die Quere. Viele Eltern wissen nicht, dass ständiges Bewegen für Kinder etwas Natürliches ist und dass Kinder sich durch Aktivität entwickeln.

Natürlich gibt es Zeiten, in denen es notwendig ist, dass ein Kind sich ruhig verhält. Beispielsweise, wenn Sie Ihre Tochter gerade angezogen haben, um auszugehen. Dann kann sie selbstverständlich nicht in den Garten gehen und in der Sandkiste Matschkuchen backen. Es gibt eine Alternative, anstatt sie sich hinsetzen zu lassen und ihr einfach zu sagen, dass sie sich ruhig verhalten soll, bis Sie selbst fertig sind.

Haben Sie Ihre Tochter genau beobachtet? Was ist ihr neuestes Interesse an einer ruhigen Aktivität? Vielleicht haben Sie erst vor einer halben Stunde gesehen, dass Ihre Tochter den Schlüssel in die Tür einsteckte und daran drehte. Wenn Sie einen kleinen Koffer mit Schloss und Schlüssel haben, geben Sie ihn Ihrer Tochter. Wenn sie es mit Interesse aufnimmt und sofort anfängt, den Schlüssel hineinsteckt, schließt und wieder herausholt, werden Sie überrascht sein, wie lange sie sich damit beschäftigen wird. Es gibt kein Zappeln von einem Kind, das in eine Aktivität vertieft ist. Bis Sie aus dem Haus gehen, wird es keinerlei Szene und verdorbene Stimmung geben.

Sie werden bestimmt bemerkt haben, wie unruhig und lästig Kinder sind, wenn Sie Dinge für sie tun. Eine Mutter hat es eilig, also lässt sie ihren kleinen Sohn nicht mit seinen Socken und Schuhen kämpfen, sondern zieht sie ihm selbst an. Vielleicht rebelliert er dabei oder strampelt. Das ist ein Zeichen dafür, dass ihm etwas in die Quere gekommen ist.

Denken Sie auch nicht nur für einen Augenblick, dass ich behaupte, dass ein Kind immer seinen Willen durchsetzen sollte. Das ist nicht, was ich meine, wenn ich sage, dass es falsch ist, Kindern in die Quere zu kommen. Aber es gibt zwei Arten zu versuchen, Gehorsam zu lehren. In der fehlgeleiteten alten Art werden die Kinder einfach dazu aufgefordert, dies und das zu tun. Das ist dann auch schon alles. Sie werden bestraft, wenn sie nicht gehorchen.

Dann gibt es den anderen Weg, auf dem mein gesamtes Erziehungssystem begründet ist. Verlangen Sie von Ihrem Kind nur, was es Ihnen geben kann. Das bedeutet, dass Sie Ihr Kind so um etwas bitten, dass es Ihnen es gerne gibt. Dann wird das Kind die Gewohnheit des Gehorsams leicht erlernen, weil es ihn auf natürliche Weise gelernt hat.

Noch vor Kurzem wurde in Schulen erwartet, dass ein Kind vollkommen still sitzt, während die Lehrerin mit ihm spricht. Kein Wunder also, dass Kinder unruhig waren, nicht gehorchten und ihnen das Lernen schwer fiel. Tatsächlich ist es ein Wunder, dass sie so viel gelernt haben. Aber ich nehme an, dass man sich nach vielen, vielen Wiederholungen früher oder später doch etwas merkt.

Als eine Erholung von dieser unnatürlichen Stille und Ruhe sollten die Kinder eine Reihe von Übungen machen. Und ihre kleinen, verkrampften Körper benötigten diese auch. Zweifelsohne waren diese Übungen mit keinem Gedanken oder dem Durchhaltevermögen auf Seiten der Kinder verbunden, sondern lediglich einfache Bewegungen, die folgsam nach einem Befehl ausgeführt wurden.

Aber wir lehren Kinder heutzutage anders. Wenn sie am Morgen ankommen, gibt es viele Dinge zu erledigen. Die Kinder kümmern sich um ihren Klassenraum. Sie fegen mit ihren eigenen kleinen Besen, sie wischen Staub, sie putzen und polieren. Und dann gibt es noch ihre eigene Pflege. Wenn die Hände eines Kindes schmutzig sind, führen wir es nicht zum Waschbecken und waschen seine Hände oder halten seinen Kopf, während wir sein Gesicht waschen. Die Kinder lernen, diese Dinge für sich selbst zu tun. Selbst Zwei- und Dreijährige können Gegenstände tragen, sich selbst waschen und einen Tisch decken.

> „Verlangen Sie von Ihrem Kind nur, was es Ihnen geben kann."

Kinder lieben es, diese Dinge für sich selbst zu tun, und sie lernen, ihre Bewegungen vorsichtig und präzise zu machen.

Das ist zum einen Bewegungserziehung, denn die Muskelkoordination verfeinert sich, wenn die Arbeit sorgfältig ausgeführt wird, und zum anderen Erziehung durch Bewegung, denn diese Aktivitäten beinhalten Urteilsfähigkeit und Willensentwicklung, Selbstdisziplin und eine Wertschätzung für Ordnung. Wir bringen Kindern diese Dinge nicht bei, um kleine Diener aus ihnen zu machen, sondern weil wir beobachtet haben, dass Kinder aus eigenem Antrieb das größte Interesse daran haben, alle Bewegungen des täglichen Lebens zu vervollkommnen.

Unter den Materialien, die wir anbieten, finden die kleinen Kinder den größten Gefallen an Rahmen mit zwei Stoffstücken – einige haben Knöpfe und Knopflöcher, andere Bänder, Haken und Ösen sowie Schnürbänder. Und es ist einfach entzückend, den Kleinkindern dabei zuzusehen, wie sie mit höchster Konzentration Knöpfe knöpfen und Schleifen binden. Als nächstes sind sie bestrebt, ihr neues Wissen anzuwenden. Sie wollen sich anziehen. Die kluge Mutter lässt sie das tun, einfach dabei stehend und helfend, wenn nach Hilfe gefragt wird.

„Ein dreijähriges Kind wird die Umrisse mit dem Finger nachzeichnen und lernen, den Buchstaben zu benennen, lange bevor es ihn beim bloßen Anblick erkennen kann.“

Diese Erziehung der Bewegung geht direkt an die Wurzeln meines Erziehungssystems. Beispielsweise lernten Kinder zuerst lesen und danach schreiben – heutzutage lernen sie es umgekehrt. Als erstes berühren die Kinder große Buchstaben des Alphabets mit einer Oberfläche aus Sandpapier. Ein dreijähriges Kind wird die Umrisse mit dem Finger nachzeichnen und lernen, den Buchstaben zu benennen, lange bevor es ihn beim bloßen Anblick erkennen kann. Dann nimmt das Kind einen

Bleistift und zeichnet den Umriss für sich. Das ist ein großer Schritt nach vorn. Danach lernt es, die Laute zu kombinieren und Wörter zu schreiben – dann folgt das Lesen natürlich und ohne die geringste Schwierigkeit.

Das Gleiche gilt für die Arithmetik. Auf die alte Art ließ die Lehrerin die Kinder Multiplikationstabellen auswendig lernen und lehrte sie dann, Summen zu machen. Heute hantieren Kinder mit unterschiedlich langen Stangen und lernen durch genaues Anordnen die Proportionen, die sie zueinander haben, indem sie sie genau sortieren. Diese Methode führt sie auf natürliche Weise vom Üben zum Prinzip.

Wenn wir also in erster Linie durch Übung lernen, folgt daraus für unsere Darbietungen, dass sie alle Bewegung beinhalten – aber es sind kontrollierte Bewegungen, weil Kinder immer daraufhin arbeiten, eine Folge von Bewegungen zu beherrschen. Deshalb verhalten sie sich aktiv, wie es für Kinder natürlich ist, und lernen gleichzeitig dabei.

Das ist die neue Bewegungserziehung. Und dieselben Prinzipien sollten auch beim Kind zu Hause gelten. Das Kind, das stillsitzen muss, während es einer Lehrerin zuhört, befindet sich im Hinblick auf das Lernen im schlimmsten aller möglichen Zustände von Geist und Körper. Ebenso ist das Kind, dessen Leben zu Hause

streng nach der Bequemlichkeit der Erwachsenen geordnet ist, ohne Kenntnis oder Rücksicht auf die natürliche Bewegung und das aktive Interesse der Kindheit, im schlimmsten Zustand von Geist und Körper, und zwar was Gehorsam und gute Manieren angeht.

Ein Kind, das im Kinderhaus mit speziell entworfenen Materialien umgeht, das Kind, das sich zu Hause selbst anziehen darf, hilft, den Tisch zu decken, tatsächlich den hundert Aktivitäten nachgeht, die es interessieren und niemandem schaden, arbeitet in Wirklichkeit eifrig daran, sich zu entwickeln – und die Methode seines Lernens geschieht durch Bewegung.

„Das Kind, das stillsitzen muss, während es einer Lehrerin zuhört, befindet sich im Hinblick auf das Lernen im schlimmsten aller möglichen Zustände von Geist und Körper."

Entwicklungsverzögerte Kinder sind nicht hoffnungslos

Es ist ein schwerer Fehler anzunehmen, dass entwicklungsverzögerte Kinder anders als normal entwickelte Kinder sind. Im Allgemeinen leben sie in einer Familie mit normal entwickelten Brüdern und Schwestern und Eltern. Wenn eine Barriere von „Anderssein" um sie herum aufgebaut wird, ist es für das entwicklungsverzögerte Kind noch viel schwieriger. Es muss dieses Vorurteil überwinden und seine Entwicklung aufholen.

Es ist auch ein Vorurteil, von ihm als anders zu denken. Das entwicklungsverzögerte Kind liegt beim Wettrennen zurück, aber es läuft nicht auf einer eigenen Strecke. Auch wenn dieses Kind besondere Unterstützung braucht, es muss auf die gleiche Weise ausgebildet werden, wenn es die anderen einholen will.

Vielleicht wird es leichter, das zu verstehen, wenn ich Ihnen ein wenig von meiner eigenen Geschichte erzähle. Bevor ich vor vielen Jahren anfing, mit normal entwickelten Kindern zu arbeiten, erforschte ich Kinder mit Mängeln und versuchte, einen besseren Weg zu finden, sie zu unterrichten.[9] Damals dachte man, dass normal entwickelte Kinder in der Lage sein sollten, zu lernen, indem sie sich daran erinnern, was ihnen gesagt wurde. Und das taten sie auch, obwohl es schwer war und Kinder diesen Unterricht hassten. Aber so konnten wir entwicklungsverzögerte Kinder nicht unterrichten.

Geduldig beobachtete ich die Kinder, die unter meiner Obhut waren, und experimentierte mit ihnen solange herum, bis ich eine bestimmte Sache fand, die ihr Interesse erweckte. Auch wenn sie lediglich ihre eigenen Schuhe an- und auszogen, ich ließ sie es solange tun, wie sie es wollten. Wenn sie das nicht mehr interessierte, versuchte ich, etwas anderes zu finden, das ihr Interesse weckte. Für die meisten Menschen klingt das nach einer müßigen Art, Kinder zu beschäftigen, die nichts mit Intelligenz zu tun hat. Aber dadurch habe ich das Prinzip entdeckt, auf dem meine gesamte Erziehungsmethode beruht. *Kinder, ob entwicklungsverzögert oder normal entwickelt, entwickeln ihre Intelligenz durch Aktivität.*

9 „Mangel", ein Wort, das nicht mehr verwendet und heute als beleidigend empfunden wird, wurde zu Beginn des 20. Jahrhunderts häufig verwendet, um eine Vielzahl mentaler und physischer Entwicklungsstörungen zu bezeichnen.

Hier ist ein Beispiel. Die alte Art des Unterrichtens bestand darin, erst die Regeln zu geben und diese dann anzuwenden. So wurde das Lesen immer vor dem Schreiben gelehrt. Aber wir fanden heraus, dass entwicklungsverzögerte Kinder keine Regeln lernen konnten, aber sie liebten es, kleinere Aktivitäten durchzuführen. Also änderten wir die Reihenfolge und lehrten diese Kinder das Schreiben, bevor sie lesen konnten.

So haben wir es ihnen beigebracht: Wir hatten aus Holz ausgeschnittene Buchstaben. Die Kinder liebten es, die Umrisse mit ihren Fingern nachzufahren. Ich habe entwicklungsverzögerte Kinder gesehen, die nicht in der Lage waren, die Buchstaben visuell wiederzuerkennen. Als sie sie aber berührten, begannen sie, die Laute auszusprechen.

Und so habe ich mit normal entwickelten Kindern Erfahrungen gesammelt und gedacht, dass es ihnen leichter fallen könnte, aus Handlungen zu lernen als von einer gedruckten Seite. So hatte ich Kinder zwischen dreieinhalb und vier Jahren, die auf diese Weise schreiben gelernt haben, und Kinder von viereinhalb Jahren, die wirklich gut schreiben konnten. Ich entdeckte, dass das Kind, das auf diese Art das Schreiben lernt, sein Schreiben genießt. Das Lesen folgt auf natürliche Weise und stellt keine Erschwernis für das Kind dar.

Das Prinzip, das ich zuerst im Umgang mit entwicklungsverzögerten Kindern entdeckt habe, war die Grundlage einer Erziehungsmethode, die auf alle Kinder angewendet werden kann. Es wurde mit großem Erfolg in Einrichtungen angewendet, in denen entwicklungsverzögerte Kinder durch die Kenntnis dieses aktiven Prinzips der Intelligenzentwicklung zu normalen Standards gebracht wurden.

„Entwicklungsverzögerte Kinder sollten auf keinen Fall unterbrochen werden, wenn sie eine Beschäftigung gefunden haben, die ihre Aufmerksamkeit fesselt."

Normal entwickelte Kinder werden zu Hause nicht immer rücksichtsvoll behandelt. Aber sie können sich anpassen, obwohl dies oft viel Energie verbraucht, die für eine geeignete Tätigkeit viel besser verwendet werden könnte. Aber entwicklungsverzögerte Kinder finden es viel schwieriger, sich an Strenge oder Einmischung anzupassen. Sie auszuschimpfen anstatt ihnen zu helfen, kann sie leicht schüchtern oder hinterlistig werden lassen und sie noch mehr daran hindern, sich zu entwickeln.

Allen Kindern sollte sehr viel Zeit für sich selbst gegeben werden, um zu spielen, wie wir Erwachsenen es nennen – obwohl sie in Wirklichkeit wichtige Aktivitäten durchführen, die ihre Intelligenz verstärken. Entwicklungsverzögerte Kinder sollten auf keinen Fall unterbrochen werden, wenn sie eine Beschäftigung gefunden haben, die ihre Aufmerksamkeit fesselt. Selbst wenn diese nur darin besteht, einen Korken in eine Flasche zu stecken und ihn wieder herauszuziehen, lernt das Kind Muskelkontrolle und mentale Genauigkeit. Seine Aufmerksamkeit ist konzentriert. Wenn es zu etwas Komplizierterem bereit ist, wird diese kleine Aktivität das Kind nicht mehr interessieren.

Auf diese Weise entwickelt das Kind seine eigene Intelligenz – eine weitaus effektivere Methode als die mühsame Anstrengung, das kleine Gehirn mit Regeln zu belasten, die für das Kind ohne Bedeutung sind. Für das entwicklungsverzögerte Kind ist dies der sicherste Weg, normale Standards zu erreichen. Das Interesse des Kindes wird von den Gegenständen und der Aktivität erfasst, die seiner Entwicklung am besten entsprechen. Die kluge Mutter wird erkennen, dass ihr Kind ständig seinen eigenen kleinen Interessen nachgeht.

Das Wachstum der Persönlichkeit bei Kindern

Als im Märchen die guten Feen zur Taufe der kleinen Prinzessin kamen, wünschten sie ihr Schönheit und Reichtum, und ihre Mutter, die Königin, war darüber entzückt. Aber es gibt etwas, das sie vergessen haben. Heutzutage würde sich jede kluge Mutter noch etwas für ihr Kind wünschen: die Gabe der Persönlichkeit.

Tatsächlich neigen wir dazu, Persönlichkeit als ein Geschenk zu betrachten. Ein Kind hat oder hat keine Persönlichkeit, denken wir. Es ist etwas anderes als Wissen oder Charakter. Wir sind davon überzeugt, dass wir beides durch geeignetes Lehren und Korrektur herstellen können. Und hier liegen wir völlig falsch. Jedes normal entwickelte Kind kann Geist und Charakter sowie eine individuelle Persönlichkeit entwickeln, *wenn ihm ermöglicht wird, es auf seine eigene Weise zu tun.*

Ich rede von Revolution! Wissen Sie, ich habe viele Jahre mit Kindern gearbeitet und sie haben mir beigebracht, mich gegen die fehlgeleiteten, veralteten Ideen aufzulehnen, an die viele Eltern immer noch aufrichtig glauben.

Wenn ein Mann oder eine Frau charmant, munter, zurückhaltend oder lebhaft in ihrer Art sind, sind dies individuelle Schattierungen der erworbenen Persönlichkeit, aber ihre Grundlagen liegen tiefer. Der Mensch, der für sich selbst denkt und die Willenskraft besitzt, seine Absichten auszuführen, ist jemand, der überall Aufmerksamkeit auf sich zieht. Das sind Qualitäten, die Ihre Kinder entwickeln können. Es ist vielleicht am einfachsten zu verstehen, wie wir das erreichen können, wenn ich Ihnen erzähle, wie wir die Kinder in unseren Kinderhäusern ausbilden. Angenommen, Ihr Kind von zwei oder zweieinhalb Jahren kommt vormittags zu uns. Es wird sofort damit beginnen, sich selbst zu unterrichten. Unsere Idee ist simpel. Wir stellen ihm interessante Gegenstände zur Verfügung, die seinen Geist nähren und trainieren. Wir müssen es nicht dazu zwingen, zu lernen oder zu arbeiten. Das Kind tut dies aus eigenem Antrieb, weil es seiner Natur entspricht, sowohl im Geist als auch im Körper zu wachsen.

In diesem Kinderhaus hat alles seinen Platz und wird dorthin zurückgestellt. Denn ich habe immer wieder beobachtet, dass Kinder einen Sinn für Ordnung haben. Ihr Kind wird sich schnell merken, wo es Dinge finden kann, und es wird sie von sich aus zurückbringen, wenn es damit fertig ist. So simpel das auch klingen mag, dies hat eine wichtige Auswirkung auf den Charakter, den das Kind bildet. Ohne jegliche Korrektur und ohne Druck werden seine Gewohnheiten und sein Verstand geordnet. Und weil es die Details seiner eigenen kleinen Welt gemeistert hat, hat es darin Unabhängigkeit erreicht. Dieses Prinzip kann mühelos auch zu Hause in seinem Zimmer angewendet werden.

Ferner gibt es lehrendes Material, mit dem sich das Kind selbst etwas beibringt. Es ist natürlich wissenschaftlich, aber es ist auch interessant. Das Kind lernt damit die Eigenschaften von Gegenständen, denen es im Alltag begegnet, zu klassifizieren: Größe, Form, Farbe, Klang, Dinge, die ineinander passen, Farben, die zueinander passen. In Verbindung mit diesen Materialien stehen Bewegungen, die richtig ausgeführt werden müssen. Denn nur so kann ein Kind für sich sichere Kenntnisse erlangen.

Das Kind kann auch zu Hause interessante Dinge finden: den Deckel einer Schachtel, der sich öffnen und schließen lässt, den Korken, der in eine Flasche passt

und den man wieder herausziehen kann, den Schlüssel, der sich in einem Schloss dreht. So kann sich das Kind selbst etwas beibringen. Im Kinderhaus steht die Erzieherin zwar bereit, aber sie korrigiert oder verhindert die Arbeit des Kindes nicht. Wenn etwas schief geht, wartet sie darauf, ob sie um Hilfe gebeten wird. Meistens lässt ein Kind aber nicht locker, bis es etwas selbst richtig gemacht hat. Das ist Beharrlichkeit, der Anfang der Willenskraft, die ein so wichtiger Teil der Persönlichkeit ist.

Im Kinderhaus sind alle Kinder glücklich und deshalb liebenswürdig. Und weil die Erzieherin jedes Kind respektiert und sich von Einmischungen fernhält, behandeln die Kinder einander mit demselben Respekt und derselben Freundlichkeit. Dies sind soziale Qualitäten, die der Persönlichkeit Charme verleihen.

Kinder sind sehr entgegenkommend. Wenn man ihnen mit Freundlichkeit und Rücksicht begegnet, sind sie ebenfalls freundlich. Wenn Sie das Kind seine eigenen kleinen Angelegenheiten und Interessen ungestört verfolgen lassen, werden Sie feststellen, dass es weniger dazu neigt, Sie zu stören. Versuchen Sie, so wenig wie möglich einzugreifen. Es besteht keine Notwendigkeit dafür, sich Sorgen darüber zu machen, dass Ihr Kind ungebildet oder schlecht erzogen aufwächst. Stattdessen wird es aufmerksam und intelligent, unabhängig und ausdauernd sein. Und diese Qualitäten liegen der Persönlichkeit zugrunde. Wenn Ihr Kind sein eigenes besonderes Temperament und seine eigenen Fähigkeiten hinzufügt, können Sie sicher sein, dass seine Persönlichkeit Aufmerksamkeit auf sich ziehen wird, wo immer es hingeht.

Ihr Kind hat seine eigene Arbeit

Heutzutage haben aufgeklärte Eltern die veraltete Idee hinter sich gelassen, dass Kinder leere kleine Gefäße sind, die von Erwachsenen mit Informationen und Manieren gefüllt werden müssen. Sie haben gelernt, dass das Kind selbst einen wichtigen Beitrag zu seiner eigenen Entwicklung leisten kann und dass sie die spezifischen Bedürfnisse des Kindes erforschen müssen, um es bestmöglich auf sein Erwachsenenleben vorzubereiten.

Es besteht jedoch noch immer sehr viel Unklarheit darüber, wie die Beiträge tatsächlich aussehen sollen, die das Kind und der Erwachsene in ihrer Zusammenarbeit von Lernen und Lehren leisten müssen. Wir hören viel von „spontaner Aktivität" von kleinen Kindern und werden darauf hingewiesen, dass es dem Kind erlaubt sein sollte, diese Aktivität in vollem Umfang zu nutzen, damit seine Entwicklung auf natürliche und vollständige Weise stattfinden kann.

Auf den ersten Blick klingt das fabelhaft. Aber es besteht eine beträchtliche Gefahr darin, wenn man sich einer solchen Theorie annimmt, bevor wir klar verstanden haben, was mit spontaner Aktivität gemeint ist. Tatsächlich beziehen sich diese Wörter oft auf zwei völlig verschiedene Formen der Aktivität.

Von einem Kind beispielsweise, das extrem empfindlich gegenüber äußeren Einflüssen ist und stets mit unbestimmten Bewegungen auf sie reagiert, wird oft gesagt, dass es viel spontane Aktivität hat.

Andererseits ist da das Kind, das sein Interesse auf einen Gegenstand in seiner Umgebung fixiert. Das kann oft für längere Zeit andauern. Es berührt ihn, dreht ihn, dreht ihn um, bringt ihn in Beziehung mit anderen Gegenständen. Es bleibt gelassen, auch wenn ein unterbrechender Erwachsener ihm andere Gegenstände für seine Aufmerksamkeit anbietet, bis seine Aufmerksamkeit an der Sache, an der das Kind interessiert ist, erschöpft ist. Auch bei diesem Kind wird man sagen, dass es spontane Aktivität hat.

Man erkennt sofort, dass sich diese beiden Arten von Aktivität sehr stark voneinander unterscheiden. Wenn ein Kind schnell auf äußere Störungen reagiert, ist es jedem kleinsten Windhauch ausgesetzt. Seine Bewegungen richten sich nicht nach seinen Bedürfnissen. Das Kind ist fahrig und abhängig.

Die Aktivität des zweiten Kindes ist nicht unbestimmt, sondern bildend. Es braucht keine Einflüsse von Erwachsenen, um eine Aktivität hervorzurufen. Eine ruhige Umgebung, die den Interessen seines Alters entspricht, und die Freiheit, den Eingebungen seines eigenen inneren Bedürfnisses zu folgen, reichen diesem Kind aus. Es hat wahre spontane Aktivität. Seine Entwicklung entfaltet sich von innen heraus durch seine Aktivität, die zielgerichtet an den Gegenständen seiner Umgebung arbeitet. Das Kind ist sowohl Lehrer als auch Lernender, der sein eigenes geistiges Wachstum und seine Unabhängigkeit für sich selbst schmiedet.

Diese wahre spontane Aktivität liegt in jedem normalen Kind. Wir können sie durch Überstimulation oder durch Aushungern zerstören. Wenn wir Kindern Aufgaben und Disziplin aufzwingen, die in keinem Zusammenhang mit der Geschwindigkeit und den Bedürfnissen ihres eigenen Wachstums stehen, oder wenn wir ihnen einfache Dinge vorenthalten, an denen sie aktiv arbeiten könnten, laufen wir Gefahr, die natürliche Unabhängigkeit in unnatürliche Abhängigkeit, wahre spontane Aktivität in unbestimmte Bewegungen und das sich natürlich entwickelnde Kind in ein unzufriedenes kleines Wesen ohne eigene wirkliche Aufgabe zu verwandeln.

Ein Kind entwickelt sich nur durch eigene Arbeit.

Wir Erwachsene neigen dazu zu denken, dass niemand außer uns selbst arbeitet. Wir sind es, die für den Lebensunterhalt arbeiten. Wir sind es, die unsere Zivilisation aufgebaut haben, und die sich um Haus und Kinder kümmern. ... Welche Arbeit verrichtet ein kleines Kind? Ein paar Aufgaben vielleicht, eine kleine Tätigkeit, um der Mutter zu helfen ... und der Rest – Spielen, ein zielloser, sorgenfreier, unwichtiger Zeitvertreib.

Selbstverständlich arbeiten wir Erwachsene. Das leugne ich nicht. Aber ich sage mit Nachdruck, dass ein Kind genauso hart arbeitet wie wir, *aber auf seine Art und Weise.* Daran sollten wir denken. Erwachsene sind Produzenten, die in einer materiellen Welt arbeiten. Es macht uns nichts aus, unsere Arbeit zu delegieren oder zu teilen. Unser Motto heißt „Arbeit einsparen". Wir entwickeln alle möglichen mechanischen Geräte von Staubsaugern bis hin zu Rechenmaschinen, um unsere Arbeit zu erleichtern und doch das gewünschte Ziel zu erreichen.

Betrachten Sie nun für einen Moment die Arbeit eines kleinen Kindes. Seine Arbeit besteht darin, den Menschen zu erschaffen, der es später sein wird. Aber das Kind ist sich dieses Zieles nicht bewusst. Es ist sich nur seiner Mittel bewusst. Vom ersten Treten des Babys an bis zu seinem erfolgreichen Versuch, seinen Kopf hochzuhalten, sich aufzusetzen, seine Zehen, die Finger der Mutter und nach Gegenständen in leuchtenden Farben zu greifen, arbeitet das Kind an seiner eigenen muskulären und mentalen Entwicklung. Niemand kann ihm dabei direkte Hilfe geben, kein mechanisches Gerät kann ihm die Mühe ersparen, seine Muskeln zu koordinieren oder seinen Geist zu trainieren.

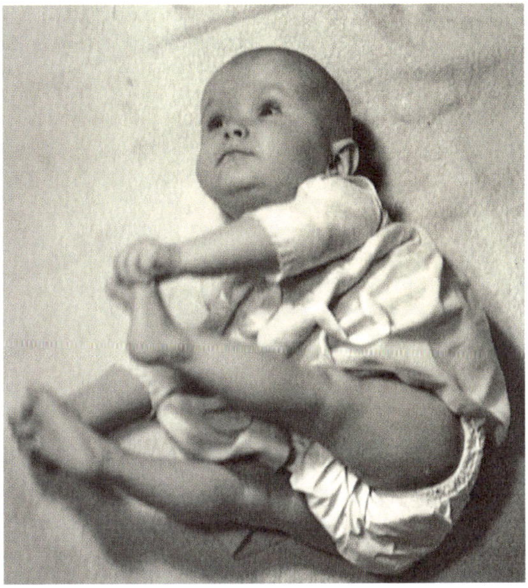

Das Missverständnis entsteht, weil das Kind nicht bewusst als Produzent arbeitet. Wenn das Kind alt genug ist, um etwas wie ein Erwachsener tun zu wollen, ist es nicht der Zweck der Aktivität, der es interessiert, sondern das Tun. Es will nicht lernen, sich zu waschen und sich anzuziehen, damit es ein gut gekleidetes, sauberes kleines Kind ist. Sein Interesse liegt darin, immer wieder die Bewegungen zu lernen und zu machen, die nötig sind, um seine Kleidung anzuziehen und sein Gesicht zu waschen. Haben Sie jemals ein Kind gesehen, das von der neuen Errungenschaft angezogen wurde, seine Socken und Schuhe anzuziehen und sie dann wieder bewusst auszuziehen, um das ganze Prozedere noch einmal durchzugehen?

In unseren Kinderhäusern erlauben wir Kindern, ihre spontane Aktivität zu nutzen, indem wir ihnen Gegenstände anbieten, die Bewegungen erfordern und ihrem Entwicklungsstand entsprechen. Auf diese Weise lernen sie durch das Tun. Das ist ihre Arbeit. Und ihre Konzentration und Ausdauer dabei sind erstaunlich.

Aber kleine Kinder müssen nicht in den Kindergarten gehen, um zu arbeiten. Für sie ist Spielzeit eine Zeit des Lernens durch Übung. Jede neue Bewegung, die ein kleines Kind macht, wird zuerst versuchsweise ausprobiert und dann wiederholt, bis die erste Ungeschicklichkeit allmählich zu einer exakten Bewegung verfeinert wird. Jedes Spielzeug, das es benutzt, ist ein Werkzeug für seine Arbeit.

Was, wenn dieses Kind nichts von dem Ziel weiß, das es erreichen wird? Wenn ihm erlaubt wird, seine spontane Aktivität in einer ruhigen Umgebung ohne Einmischung oder unaufgeforderte Hilfe zu nutzen, engagiert es sich wahrlich in einer höchst wichtigen Arbeit: Es baut den Menschen auf, der es eines Tages sein wird.

Ihr Kind lernt von seiner Umgebung

Eines der glücklichsten kleinen Kinder, die ich kenne, ist mein Patenkind Felicino. Bevor er laufen konnte, als er nur zehn Monate alt war, bekam er sein eigenes Zimmer, in dem er sich entfalten konnte. Vielleicht werden Sie überrascht sein, wenn ich Ihnen sage, was im Zimmer war: In der Mitte des Bodens war ein Teppich, in einer Ecke war Felicinos Bett – kein Kinderbett mit hohem Gitter, um ihn in einem Käfig zu halten, sondern ein niedriges Bett – und in einer anderen Ecke stand das Bett seiner Mutter, das aus einer Matratze bestand, die auf dem Boden lag.

Felicinos Eltern sind nicht so arm, wie Sie vielleicht zuerst denken. Aber sie sind sehr klug und verstehen die Bedürfnisse von Kindern. Als ihr Kind zehn Monate alt war, gaben sie ihm ein kleines Königreich, das genau zu ihm passte. Und als sie sahen, dass Felicino sich irgendwo im Haus für einen Gegenstand interessierte, gaben sie ihm den Gegenstand in sein Zimmer.

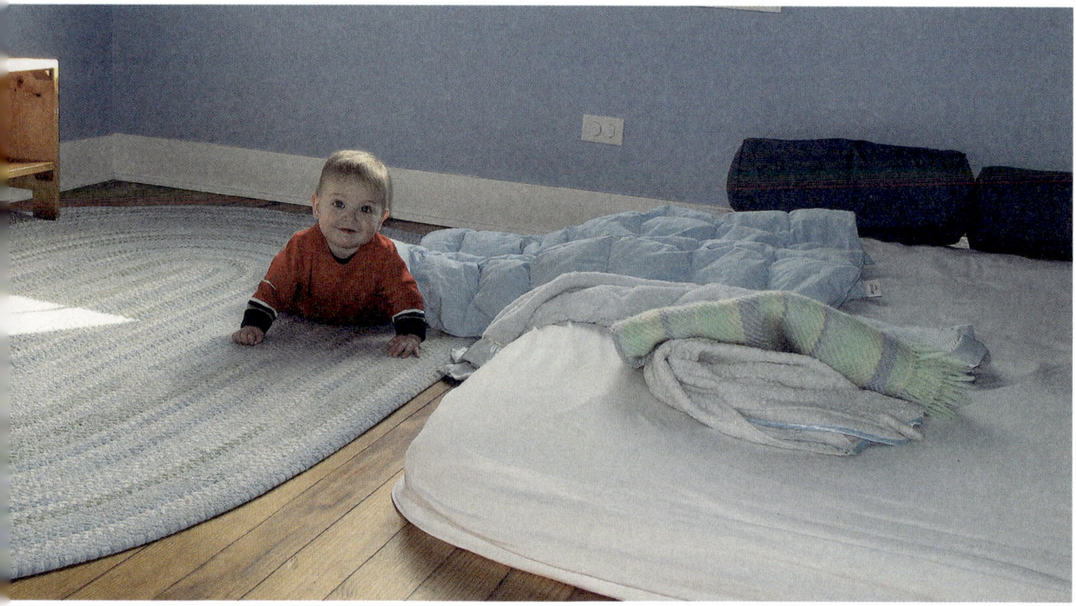

Felicinos Mutter beobachtete eifrig ihr Kind, ohne sich einzumischen: Sie sah ihn in der Mitte des Bodens sitzen, neben ihm vielleicht eine kleine Schachtel, die er am Tag zuvor in der Küche gefunden hatte, mit einem aufklappbaren Deckel und zwei Flaschen mit Korken – mehr nicht. Und da saß er völlig vertieft, öffnete und schloss die Schachtel, zog die Korken heraus und steckte sie wieder in die Flasche, wobei er nachdenklich eine halbe Stunde lang innehielt, bis seine Mutter glaubte, er müsse schlafen. Aber nein! Als er wieder dazu bereit war, machte er ruhig mit seiner Arbeit weiter. Bald lernte er, auf sein Bett zu klettern. Und jeden Morgen, nachdem er seine kleine Arbeit beendet hatte, und er müde war, stieg er auf sein Bett und legte sich schlafen.

„Wir können das Wachstum entweder unterstützen oder behindern."

Ich habe Ihnen so viel über Felicino erzählt, weil es mir wichtig ist, dass Sie verstehen, dass die Bedürfnisse eines Kindes sehr simpel sind. Die Eltern, die das verstehen und wissen, wie ein Kind aus seiner Umgebung das auswählt, was es braucht und sich selbst etwas beibringt, geben ihren Kindern einen viel besseren Start ins Leben als Eltern, die glauben, ihren Kindern die beste Betreuung zu geben, indem sie ihnen ein Kinderzimmer voller Spielzeug zur Verfügung stellen und ein Kindermädchen, um die Kinder stets zu beaufsichtigen.

Unglücklicherweise gibt es sowohl unausgebildete Kindermädchen als auch wohlmeinende Eltern, die kein wirkliches Wissen über Kinder haben. Aus den Artikeln, die ich bereits für Sie geschrieben habe, werden Sie herauslesen können, dass der Drang zu wachsen im Kind selbst liegt – seine Intelligenz und sein Charakter werden wachsen, was immer wir auch tun. Aber wir können das Wachstum entweder unterstützen oder behindern. Das Kind im über-luxuriösen Kinderzimmer mit zu vielen Spielsachen und Ablenkungen und lästiger, permanenter Aufsicht ist wie eine junge Pflanze, die überschwemmt wird. Der Boden wird sauer und die Pflanze kränklich.

Geben Sie einem Kind aber eine geeignete Umgebung, ist die Wirkung auf seinen Geist die gleiche wie die Wirkung auf seine Gesundheit, wenn Sie ihm eine ausgewogene Ernährung geben. Wir können nicht alle so ein Zimmer bereitstellen, wie Felicinos Eltern es getan haben. Aber wir können dafür sorgen, dass das Zimmer, in dem sich das Kind hauptsächlich aufhält, kein „Verbote"-Zimmer ist. Es sollte also nicht mit zerbrechlichem Porzellan, störenden Gegenständen oder mit Spielzeug überfüllt sein. All dies ist unerwünscht.

Wenn ein Kind Interesse an etwas im Haus zeigt, lassen Sie ihm dies, wenn möglich. Vielleicht wird es stundenlang damit beschäftigt sein. Sobald das Kind sein Interesse ausgeschöpft hat, wird es nie wieder danach fragen.

Versuchen Sie diese Politik einmal bei einem schelmischen Kind, das beispielsweise große Freude daran hat, die Wasserhähne laufen zu lassen, obwohl Sie ihm hundert Mal gesagt haben, dass es die Wasserhähne nicht aufdrehen darf. Erlauben

Sie ihm stattdessen einmal, sie anzudrehen. Zeigen Sie ihm selbst, wie immer mehr Wasser fließt, wenn Sie den Hahn öffnen, und wie der Fluss kleiner wird, wenn Sie ihn abdrehen. Dann lassen Sie es das Kind probieren.

Beobachten Sie das Kind, wenn Sie möchten. Aber stellen Sie sicher, dass Sie dabei unbeobachtet bleiben. Sie werden überrascht sein, wie aufmerksam das Kind die Wasserhähne an- und abdreht, als ob es ein schwieriges Problem lösen würde. Und dann, wenn das Kind die Sache mit den Wasserhähnen offensichtlich gemeistert hat, ist es mehr als wahrscheinlich, dass das Kind sein Interesse an seinem vorherigen Unfug damit verloren hat. Und es wird die Wasserhähne in Zukunft nur für ihren eigentlichen Zweck verwenden.

In der Umgebung eines Kindes gibt es immer zwei Faktoren: den menschlichen und den materiellen. Es liegt am menschlichen Faktor, dass Kinder mit Kindermädchen, die alles für sie tun, so benachteiligt sind. Es reicht einem Kind nicht, dass es gefüttert und angezogen wird. Sein ganzer Instinkt verlangt danach, selbst zu essen und sich selbst anzuziehen.

Das Kind einer beschäftigten Mutter, die wenig Zeit mit ihrem Kind verbringen kann, lernt sich selbst anzuziehen, sobald es ein Interesse dafür verspürt, sich selbst anziehen zu wollen. Wenn dieses Kind in ein Zimmer mit kleinen Gegenständen geführt wird, um sich zu amüsieren, oder in einen kleinen Garten, in dem es keine Aufsicht braucht, ist es in einer viel beneidenswerteren Position als das Kind mit so vielen Spielsachen, dass es nicht weiß, mit welchem es zuerst spielen soll, als wäre es ein einem riesengroßen Park abseits von seinem Zuhause, wo ihm eine Erwachsene auf dem Fuße folgen muss.

Eine andere wichtige Angelegenheit betrifft das Stören. Wenn ein Kind an etwas interessiert ist, sollte es völlig in Ruhe gelassen werden. So viele kindliche Aktivitäten erscheinen Erwachsenen belanglos. Aber die Konzentration eines Kindes ist keine triviale Sache. Stören Sie diese Konzentration zu oft, wird das Kind sein ganzes Leben lang daran leiden.

Dies ist besonders bei entwicklungsverzögerten Kindern der Fall. Normal entwickelte Kinder können Hindernisse überwinden und sich an Störungen und eine ungeeignete Umgebung anpassen, obwohl sie dabei häufig viel wertvolle Energie verschwenden. Aber bei entwicklungsverzögerten Kindern führt jede Störung ihrer Aktivitäten und Konzentration zu einer Verwirrung in ihren Köpfen. Und sie ist definitiv ein Rückschlag.

Ich habe sehr viel mit entwicklungsverzögerten und schwachen Kindern zu tun gehabt. Und ich möchte diesen Punkt sehr deutlich machen: Jedes Interesse, das sie zeigen, sollte mit größtem Respekt behandelt werden. Selbst die geringste Aktivität sollte gefördert werden, denn einem entwicklungsverzögerten Kind fällt es oft schwer, sich zu konzentrieren. Seine Hoffnung auf eine normale Entwicklung liegt im Streben nach aktiven Interessen.

Als ich vor vielen Jahren meine erste Schule in Rom hatte, gab es dort nur sehr arme Kinder. Häufig waren sie ziemlich unterernährt und es gab für mich keine Möglichkeit, ihren Zustand zu verbessern. Und doch bemerkte ich nach einiger Zeit, dass sich ihre körperliche Verfassung verbesserte. Am Ende des zweiten Jahres waren sie, obwohl nichts an ihren körperlichen Umständen verändert worden war, so gesund, dass sie kaum als dieselben Kinder erkennbar waren. Es ist wissenschaftlich erwiesen, dass Glück die Gesundheit eines Kindes entscheidend beeinflusst und dass Kinder, die gelangweilt und unzufrieden sind, körperlich schmachten.

Die Bedürfnisse eines Kindes sind simpel. Eine glückliche Kindheit braucht lediglich eine einfache Umgebung. In unseren Kinderhäusern gibt es für die Kinder kleine Stühle und Tische. So können sie sich als Meister in ihrer eigenen Welt bewegen, anstatt ständig mit unpassenden Gegenständen in einer speziell für Erwachsene geschaffenen Welt zu ringen. Auch wenn diese Möbel in vielen Haushalten nicht einzurichten sind, bleibt ein Grundsatz gleich: Kinder machen gerne etwas für sich. Dies sollte ihnen erlaubt sein, damit sie sich entwickeln können.

Kinder entwickeln ihr Gehirn und ihren Körper durch Bewegung. Während sie Konzentration, Selbstdisziplin und Ausdauer mit aktivem Interesse ausüben, werden die Grundlagen des Charakters gelegt. Um unseren Kindern einen guten Start ins Leben zu ermöglichen, müssen wir dafür sorgen, dass ihre Umgebung ihr Bedürfnis nach Aktivität und Entwicklung erfüllt. Gleichzeitig müssen wir uns daran erinnern, dass unsere eigene Rolle nicht die der Ausbilderin und Störerin ist, sondern die der Helferin und Freundin.

Nachwort

Es ist schon seltsam, wenn man einen Beitrag von Maria Montessori über das Verhalten von Kindern und Eltern liest und sich darin sofort selbst wiedererkennt. Je mehr Beiträge man liest, desto mehr fühlt man sich darin bestärkt, trotz aller guten Vorsätze bei der Erziehung des eigenen Kindes, aber auch bei der pädagogischen Arbeit mit Kindern immer wieder genau hinzuschauen und am eigenen Verhalten etwas zu verändern. Maria Montessoris Pädagogik ist zwar über 100 Jahre alt, hat aber keinesfalls an Aktualität verloren. Vielleicht liegt das daran, dass sich Kinder tatsächlich so entwickeln und lernen, wie es die Ärztin und Pädagogin bereits zu Beginn des letzten Jahrhunderts beobachtet und beschrieben hat – und wie es derzeit in zahlreichen Forschungsergebnissen belegt wird.

Das Besondere an ihrer Pädagogik ist die Haltung gegenüber dem Kind – die veränderte Sicht auf das Kind. Egal, ob als Elternteil, Erzieherin oder Lehrerin, wir können Kindern mit kleinen, aber aufmerksamen Veränderungen im Umgang mit ihnen und bei der Bereitstellung der Umgebung, in der sie aufwachsen oder lernen, erheblich bei ihrer Entwicklung helfen – und damit viele Sorgen und Streitereien im Alltag mit unseren Kindern unsererseits auflösen. In jedem der vorliegenden Beiträge gibt Maria Montessori uns Eltern, aber eigentlich auch jeder Pädagogin, dazu sehr einfache und vor allem hilfreiche Tipps.

So spricht Montessori in jedem der Beiträge auch heute noch aktuell diskutierte Alltagsthemen in der Erziehung von Kindern an. Dazu zählen das Überbehüten und ständige Kontrollieren von Eltern, ihr Drang zum Sich-Einmischen, reizüberflutete Kinderzimmer, der Umgang mit ganz jungen, aber auch mit unkonzentrierten und „zappeligen“ sowie entwicklungsverzögerten Kindern – alles Aspekte bei der Erziehung von Kindern, die es offensichtlich auch schon in den 1920er-Jahren gab. Maria Montessori hat demnach nicht nur die Entwicklung von Kindern genau beobachtet, sondern auch das Verhalten ihrer Eltern – und auch ihnen möchte sie beim Aufbau ihrer Haltung gegenüber ihrem Kind mit diesen Beiträgen helfen.

Da mindestens einer dieser Beiträge im Dezember 1931 im *The Saturday Review* veröffentlicht wurde, ist es möglich, ja, sogar wahrscheinlich, dass sie alle während des 17. Internationalen Montessori-Ausbildungskurses im Herbst desselben Jahres in London geschrieben wurden.

Über diese Texte ist nicht viel bekannt, außer dass sie in Stil, Inhalt, Länge und Ansprache eindeutig zusammengehören. Die Beiträge haben eine Leichtigkeit im Ausdruck, die in Montessoris Werk normalerweise nicht zu finden ist. Sie dienten wahrscheinlich als eine Art Anreiz, um das Interesse junger Eltern zu erwecken, die darüber nachdachten, welche Art von Bildung sie für ihre Kinder wählen sollten.

Leider sind die italienischen Originale nicht überliefert. Im Montessori-Archiv der Montessori-Erben in Amsterdam fand sich diese Reihe von kleinen Schriften, die sich direkt an Eltern wenden, in englischer Sprache. Wer sie übersetzt hat, ist nicht bekannt. Sie oder er verdient für diese gute Arbeit besonderen Dank. Die Beiträge wurden von Alexander Henny, einem Urenkel Maria Montessoris, mit der *Montessori-Pierson Publishing Company* (Amsterdam) in einem kleinen Band herausgegeben und dienten als Vorlage für diese Übersetzung ins Deutsche.

Wir möchten uns herzlich bei Paula Polk Lillard bedanken, einer international angesehenen Montessori-Autorin und Mitgründerin der *Forest Bluff School* in Illinois (USA), die sich freundlich dazu bereit erklärt hat, das Vorwort zur englischen Ausgabe zu schreiben. Sie erklärt nicht nur die Grundprinzipien von Montessoris Erziehungsansatz. Sie beschreibt auch ihren eigenen Übergang von einer traditionellen Lehrerin zu einer Montessori-Mutter, Montessori-Lehrerin und Montessori-Ausbilderin.

Lynn Lillard Jessen, die Tochter von Paula Polk Lillard, stellte großzügig alle Farbfotografien zur Verfügung, mit freundlicher Genehmigung der *Forrest Bluff School.* Wir bedanken uns für ihren Beitrag.

Der ausgewiesenen Montessori-Expertin Malve Fehrer und der Lektorin Claudia Nowak-Walz danken wir sehr für die fachkundige Durchsicht der Übersetzung.

Und Carolina Montessori, ebenfalls eine Urenkelin Maria Montessoris, kommt ein ganz besonderer Dank für ihre Arbeit an diesem Projekt zu. Sie schrieb unter anderem die folgende kurze Biografie über Maria Montessori

Ulrike Hammer

Eine kurze Biografie von Maria Montessori

Zu Beginn des 20. Jahrhunderts sorgte Maria Montessori mit ihrem neuen Erziehungsansatz weltweit für Aufsehen. Obwohl viele ihrer Ideen im Laufe der Jahre von traditionellen Schulen übernommen wurden, gilt ihr pädagogischer Ansatz auch heute noch als revolutionär, wenn er so umgesetzt wird, wie sie es sich vorgestellt hat. Die Montessori-Methode ist sehr gefragt, zumal viele von Montessoris Beobachtungen durch wissenschaftliche Untersuchungen bestätigt wurden. Aber was noch wichtiger ist: Montessori-Kinder sind normalerweise glückliche Kinder, die in Kinderhäusern und Schulen an dem arbeiten, was für sie interessant ist. Sie haben nicht das Gefühl, dass sie lernen *müssen*. Sie tun es, ohne es zu merken, während sie selbst die genial entworfenen, attraktiven Materialien verwenden.

Wer war Maria Montessori, die Frau, die diese höchst originellen Ideen über Bildung und die menschliche Entwicklung entworfen hat?

Sie wurde 1870 in Italien geboren. Damals gab es nur wenige Berufe für Frauen und die akademische Gemeinschaft war eine fast unantastbare Hochburg für Männer. Dennoch war sie entschlossen, Ärztin zu werden. Trotz vieler Widerstände schrieb sich Maria Montessori an der Universität von Rom ein, wo sie 1896 als eine der ersten Frauen in Italien in Medizin und Chirurgie abschloss. Sie begann sofort damit, in verschiedenen Krankenhäusern und in der psychiatrischen Klinik der Universität von Rom zu arbeiten. Dort hatte sie die Möglichkeit, das Verhalten von geistig und körperlich behinderten Kindern zu beobachten. Allmählich erkannte sie, dass viele von ihnen in gewissem Maße erzogen werden konnten, wenn sie in einer Umgebung untergebracht wurden, in der sie entsprechend ihren Bedürfnissen und Fähigkeiten unterrichtet werden konnten. Ihre Arbeit mit diesen Kindern mit besonderen Bedürfnissen war so erfolgreich, dass einige von ihnen die Grundschulprüfungen bestehen konnten.

Diese erstaunlichen Ergebnisse brachten Maria Montessori zu der Einsicht, dass mit der Erziehung normal entwickelter Kinder grundsätzlich etwas nicht stimmte. Um zu verstehen, warum das traditionelle Schulsystem nicht funktionierte, kehrte sie an die Universität zurück, um Psychologie, Philosophie und pädagogische Anthropologie zu studieren. 1904 wurde sie eingeladen, eine Lehrtätigkeit für pädagogische Anthropologie an der Universität Rom zu übernehmen, um den Grundstein für eine umfassende Reform des Schulsystems zu legen. Sie veröffentlichte verschiedene Artikel über ihre wissenschaftlichen Forschungen in Grundschulen, wo sie das Erziehungssystem als sehr repressiv und unwirksam empfand: Kinder mussten den ganzen Tag in unbequemen Schulbänken still sitzen, die unverständlichen Worte eines Lehrers wiederholen. Sie wurden häufig bestraft und die hygienischen Bedingungen waren schlecht.

Im Jahr 1907 bekam Montessori die Gelegenheit, mit durchschnittlich begabten Kindern in San Lorenzo, einem armen und berüchtigten Viertel von Rom, zu forschen und zu arbeiten. Ihre Aufgabe bestand darin, Kinder zu beschäftigen, die zu jung waren, um zur Schule zu gehen und unbeaufsichtigt durchdrehten, während ihre Eltern bei der Arbeit waren. In dieser Gegend eröffnete Montessori ihr erstes Kinderhaus, das als *Casa dei Bambini* bekannt wurde, und stellte einige der Unterrichtsmaterialien vor, die sie für geistig behinderte Kinder entwickelt hatte. Eine Methode existierte noch nicht, aber sie arbeitete ein genaues Programm aus, wenn auch ganz anders als damals üblich: Wie man die Kinder am Morgen beim Betreten des Kinderhauses empfängt, kurze und klare Darbietungen der Materialien sowie Beobachtung und Aufzeichnung der Fortschritte, die jedes Kind täglich machte. Die Kinder bekamen die Freiheit, sich innerhalb klar definierter Grenzen zu bewegen und zu agieren. Die Erzieherinnen, die keine professionelle Ausbildung hatten, wurden angewiesen, sich nicht einzumischen, es sei denn, ein Kind bat um ihre Hilfe. Ferner sollten sie nicht belohnen oder bestrafen.

Montessori wollte das spontane Verhalten der Kinder beobachten. Bald sah sie, dass diese Kinder, die in einer armen und analphabetischen Umgebung ohne oder mit wenig motivierendem Einfluss lebten, mit Freude anfingen, eine große Fähigkeit zu Konzentration und Disziplin zu zeigen, während sie auch ihr soziales Verhalten änderten: Sie entwickelten Selbstvertrauen, ein Gefühl für Ordnung, wurden in ihrer Einstellung gegenüber anderen Kindern aufmerksamer und ihre Gesundheit verbesserte sich. Bald begannen die 4- bis 5-Jährigen zu schreiben und zu lesen, ohne das Gefühl zu haben, dass sie unterrichtet worden waren. Neue Materialien wurden eingeführt und diejenigen, die die Kinder nicht interessierten, wurden entfernt.

Montessori erkannte, dass Kinder die Fähigkeit hatten, sich selbst zu bilden, wenn sie in einer Umgebung waren, die ihrer Größe und ihren Bedürfnissen angepasst war. Wenn die Umgebung mit sorgfältig gestalteten Materialien eingerichtet war und die Freiheit gegeben wurde, eine Aktivität zu wählen, an der sie interessiert waren. Die Worte: „Hilf mir, es selbst zu tun", gesprochen von einem kleinen Kind, sollten zum Motto der Montessori-Erziehung werden.

Andere Kinderhäuser wurden in Rom und in Mailand eröffnet und die Nachricht von Montessoris neuem Bildungsansatz verbreitete sich schnell. Aus aller

Welt kamen Menschen, um ihre Kinderhäuser und Schulen zu besuchen, luden sie zu einem Vortrag ein, baten um Ausbildungskurse und Materialien. Kurz, sie war sehr gefragt. Und dies hörte nicht auf. Innerhalb von zehn Jahren wurde ihr erstes Buch *The Montessori Method* (heute bekannt unter dem Titel *Die Entdeckung des Kindes*), das 1909 veröffentlicht wurde, in zwanzig Sprachen übersetzt. In vielen Ländern der Welt wurden Kinderhäuser und Schulen auf der Grundlage ihrer Bildungsideen gegründet.

Von da an begann sie zu reisen, um ihre Vision über Bildung in öffentlichen Reden und Ausbildungen zu verbreiten. Zuerst in Amerika, aber hauptsächlich in Großbritannien und ganz Europa und später in ihrem Leben in Indien. Maria Montessori gab ihre medizinische Karriere auf, um sich ganz ihrem pädagogischen Ansatz zu widmen. Neben den Kinderhäusern wurden in vielen Ländern Montessori-Grundschulen und weiterführende Schulen gegründet. Obwohl der Montessori-Bildungsansatz universell ist und überall auf der Welt mit Kindern aller Kulturen, Religionen und Hintergründe angewendet werden kann, konnte er in Ländern mit einem diktatorischen Regime, in dem eine auf Freiheit und Unabhängigkeit ausgerichtete Ausbildung nicht toleriert wird, niemals wirklich gedeihen.

„Maria Montessori betrachtete ihren pädagogischen Ansatz als Hilfe zum Leben."

Maria Montessori betrachtete ihren pädagogischen Ansatz als Hilfe zum Leben. Sie wollte die Entwicklung von Kindern und Jugendlichen zu reifen, unabhängigen Erwachsenen fördern, die in Harmonie und Frieden mit ihrer Umwelt und der Welt leben. Das Konzept von Frieden und Bildung wurde in ihren Reden und Schriften immer wichtiger, in denen sie vor den verheerenden und traumatisierenden Auswirkungen des Krieges auf die psychische und physische Entwicklung von Kindern warnte. Nur durch Bildung wäre es möglich, die Welt zu einem besseren, weniger gewalttätigen Ort zu machen.

In den letzten Jahren ihres Lebens erhielt sie aus aller Welt zahlreiche Ehrungen für ihr Engagement für Kinder und wurde dreimal für den Friedensnobelpreis nominiert. Maria Montessori starb 1952 in den Niederlanden.

Es ist unmöglich, den Umfang, die Komplexität, die Originalität und das facettenreiche Leben und Werk von Maria Montessori in dieser kurzen Einführung zu beschreiben. Wenn dieses Büchlein Ihr Interesse geweckt hat, finden Sie auf den nächsten Seiten einige Vorschläge zum Weiterlesen.

Carolina Montessori

Literaturhinweise

Anregungen zur Umsetzung der Montessori-Pädagogik in der Alltagspraxis einer Familie finden Sie in:

Ulrich Steenberg, Das Montessori-Elternbuch, Freiburg 2018

Wenn Sie Montessori im Original lesen wollen, bietet eine Auswahl von Texten, klar geordnet und alle Bereiche erfassend:

Harald Ludwig (Hrsg.): Grundgedanken der Montessori-Pädagogik. Quellentexte und Praxisberichte, Freiburg 2017

In der Edition „Maria Montessori – Gesammelte Werke" erscheinen seit 2010 in insgesamt 21 Bänden beim Verlag Herder die bisher veröffentlichten, aber auch eine Vielzahl noch unveröffentlichter Schriften der weltberühmten Reformpädagogin als wissenschaftliche Werkausgabe. In z. T. neuen Übersetzungen, versehen mit zahlreichen Fußnoten, Anhängen und Kommentaren zu den verschiedenen Auflagen sowie mit ergänzenden Passagen aus anderen Ausgaben vermitteln die Gesammelten Werke einen guten Einblick in die Entwicklung des pädagogischen Denkens Maria Montessoris und lassen die Textgenese nachvollziehen. Herausgeber der Reihe ist Prof. (em.) Dr. Harald Ludwig, Universität Münster.

Eine systematische Darstellung der Montessori-Pädagogik bietet:

Michael Klein-Landeck / Tanja Pütz: Montessori-Pädagogik. Einführung in Theorie und Praxis, Freiburg 2011

Wenn Sie sich genauer über die Montessori-Kita oder die Montessori-Schule informieren wollen:

Ulrich Steenberg: Montessori in der Kita, Freiburg 2015

Barbara Stein: Die Montessori-Grundschule in Theorie und Praxis, Freiburg 2012

Über Montessori-Forschung:
Angeline Stoll Lillard: Montessori: The Science Behind the Genius, 3rd Edition, New York: Oxford University Press, 2017.

Biografien:
Rita Kramer: Maria Montessori. Leben und Werk einer großen Frau, Frankfurt a.M.: Fischer Taschenbuch, 2016.
E. Mortimer Standing: Maria Montessori. Leben und Werk, Neuauflage hrsg. v. Ingeborg Waldschmidt und Ela Eckert, Berlin u.a.: LIT Verlag, 2009 (Reihe Impulse der Reformpädagogik, Bd. 23).
Ingeborg Waldschmidt: Maria Montessori: Leben und Werk, 3. aktualisierte Auflage, München: C.H. Beck, 2010.

Website:
Ratschläge für junge Eltern darüber, wie sie ihre Kinder nach Montessori erziehen können: http://aidtolife.org/

Mario Valle, ein Vater und Wissenschaftler, erklärt, wie er die Montessori-Erziehung für seinen Sohn entdeckt hat und wie er solide wissenschaftliche Grundlagen für Montessoris Ansatz gefunden hat.
http://mariovalle.name/montessori/why-not.html